# Cher pays de mon enfance

## Paroles de déracinés

3, rue Rollin 75005 Paris. Tél. : + 33 (0) 1 42 17 47 80. Fax : + 33 (0) 1 43 31 77 97
E-mail : arenes@arenes.fr - Site Internet : www.arenes.fr
ISBN : 2-912485-92-4

Jean-Pierre Guéno, Jérôme Pecnard
et les auditeurs de Radio France

# *Cher pays de mon enfance*

## Paroles de déracinés

les arènes

# Sommaire

# Introduction

Après *Paroles de poilus, Mon papa en guerre, Paroles de détenus, Mémoire de maîtres, Paroles d'élèves, Paroles d'étoiles, Premières Fois* et *Paroles du jour J*, Radio France continue à raconter l'histoire des Français en collectant leurs souvenirs et leurs émotions. L'opération « Cher pays de mon enfance, paroles de déracinés », lancée avec la complicité du Mémorial de Caen et du journal *Le Monde*, part d'un fait de société : nous sommes soixante-deux millions de Français, et, que nous soyons français d'origine ou d'adoption, nous avons tous un point commun. La plupart d'entre nous descendons de familles qui ont souvent vécu pendant des siècles dans une zone de trente kilomètres carrés, où leurs racines étaient fixées depuis des générations, et vers laquelle d'éventuelles migrations saisonnières les ramenaient invariablement. Et puis, à une date indéterminée, le plus souvent entre 1850 et avant-hier soir, certains de nos aïeux, de nos grands-parents, de nos parents et de nos enfants ont dû se déraciner. Quand il ne nous est pas arrivé à nous-mêmes de quitter un jour le « cher pays de notre enfance » pour nous lancer dans la vie.

Il y avait encore en France douze millions de paysans en 1950, ils ne sont plus que six cent mille en 2005. Des six millions d'exploitations agricoles qui animaient la France de 1914, il n'en reste plus que 400 000 réellement actives aujourd'hui. L'Europe et la France ont considérablement évolué depuis deux siècles : mais la France avec un grand retard, si l'on considère par exemple qu'il ne reste plus qu'un quart de ruraux dans l'Angleterre de 1850, alors qu'il faut attendre de dépasser 1950 pour atteindre le même chiffre en France… Dans notre pays, la Révolution française a atomisé la terre en la partageant. Elle a transformé des ouvriers agricoles en micro-propriétaires qui vont s'agripper très longtemps et sur plusieurs générations à leur trop maigre lopin de terre, et donc refuser la révolution industrielle, ne voulant pas perdre leur statut de propriétaires pour devenir salariés. Ils finiront par quitter leur terre, avec plus d'un siècle de décalage par rapport aux Anglais, et souvent dans de mauvaises conditions.

Si l'on rajoute à cette résistance au départ vers les villes industrielles l'affaiblissement démographique d'une France moins peuplée en 1931 que l'Allemagne, la Grande-Bretagne ou l'Italie et qui se remettait à peine des lourdes pertes de la Première Guerre mondiale, d'une France qui se mourait lentement par manque de natalité, on comprend que notre pays ait été une formidable terre d'accueil de main-d'œuvre et de matière grise venues d'outre-frontières depuis deux siècles. Le second Empire, les années 1920 et l'après-Seconde Guerre mondiale ont été des périodes d'afflux considérable de main-d'œuvre étrangère et les étrangers n'ont pas cessé, jusqu'aujourd'hui, d'enrichir le pain des Français en maintenant la vitalité industrielle, économique et démographique du beau pays de Vercingétorix…

Si l'on tient compte du fait que nous sommes pour un tiers d'entre nous des descendants d'immigrés ou d'émigrés et pour presque deux tiers des descendants de ruraux, nous portons tous en nous une forme de déracinement : si ce n'est le nôtre, du moins celui de nos ancêtres.

Parmi tous les déracinés, certains ont la mémoire buissonnière, le regard humide, le cœur qui bat,

la nostalgie à fleur de peau lorsqu'ils évoquent leurs racines perdues ou transplantées... D'autres cisaillent ce qu'ils pensent être un mythe en le dénonçant...
Les paroles rassemblées dans cet ouvrage recoupent aussi bien la trajectoire des immigrés, des expatriés, des rapatriés, des « migrants de l'intérieur » qui durent quitter leur terre pour venir peupler les villes que celle des « mobiles » du XIX$^{e}$ siècle, tant il est vrai, comme le dit le sociologue Jean Viard, que nous sommes dans nos pays nantis passés de l'ère des migrations à celle de la mobilité
J'étais sollicité depuis très longtemps pour éditer des « paroles d'immigrés ». Il était à mes yeux hors de question de remettre une fois de plus les immigrés dans un ghetto. Le destin de la « petite Lili de Somalie » chère au cœur du chanteur Pierre Perret n'est pas si différent de celui de nos arrière-grands-mères qui durent quitter leur Bretagne, leur Corse, leur Nord, leur Berry ou leur Occitanie natale dans les années 1920 en ne parlant pas un mot de français.
Derrière tout « dépaysement », derrière tout déracinement, il peut y avoir les différentes étapes d'un long voyage initiatique : l'arrachement, le départ, l'éloignement, l'arrivée en territoire nouveau, les autres qui vous rejettent – car on est toujours à ce moment « l'étranger » de quelqu'un –, les illusions perdues ou les souhaits réalisés, puis l'intégration, la « réimplantation », et, tout au long de ce périple, un mélange complexe de nostalgie et d'allégresse, de mal du pays et de soif de nouveautés... Il y a surtout beaucoup de non-dits, beaucoup de silences.
Les plus prolixes, ceux qui osent s'exprimer, sont le plus souvent immigrés, émigrants, expatriés, rapatriés. Leur déracinement est explicite. Ils le portent parfois dans la couleur de leur peau, dans leur façon de parler ou de penser. Les moins diserts sont les « migrants de l'intérieur », peut-être parce que l'exode rural révèle des souffrances encore secrètes et inavouées, et surtout du fait de l'extrême pauvreté de la France rurale des XIX$^{e}$ et XX$^{e}$ siècles et par conséquent de l'aspect misérable de nos origines.
Publier ces textes sous la forme d'une compilation aveugle n'aurait eu aucun sens : les textes ou les extraits de textes choisis par mes soins parmi plus de mille envois, allant chacun de quelques feuillets à plusieurs centaines de pages, ont été publiés en fonction de leur centre de gravité et répartis dans quatre chapitres. « Le pays d'avant » réunit les évocations des racines, du nid originel, de ce pays, de cette contrée natale que l'on quitte par nécessité, par obligation ou par réalisme, que l'on en soit chassé par la misère, par la violence ou que l'on s'en échappe pour répondre à l'appel de la vie, à la soif de l'aventure et de l'évolution. « Envols » rassemble les textes qui évoquent l'instance, le départ, l'arrachement. « Ancrages » évoque cet état d'apesanteur qui frappe les déracinés lorsqu'ils vivent leur transhumance et qu'ils n'appartiennent plus ni à leur source ni à leur embouchure, avant d'aborder les évocations du réenracinement, de l'intégration, de l'assimilation ou du rejet dans des conditions souvent difficiles. « Retours » rappelle que tout être humain est toujours tenté de regarder dans le rétroviseur, de remonter réellement ou par la pensée vers sa source, à l'exemple des saumons qui vont transmettre la vie et mourir où ils sont nés, et de se définir comme l'héritage, comme le résultat de ses origines.

Au fil des pages qui suivent, *Cher pays de mon enfance, paroles de déracinés* dévoile une vérité que les bancs de l'école ne nous avaient pas enseignée : cette douce nature, cette douce France où « il faisait bon vivre », cette « terre qui ne ment pas », cette nation unie dont nous serions le fruit, où chaque être animé ou inanimé était censé avoir sa place naturelle, comme dans les leçons de choses de nos livres de classe, tout cela relève en grande partie d'un mythe... La France du *Tour de France par deux enfants* est une légende. En 1863, pour près d'un Français sur deux, le français est une langue étrangère, souvent parlée, rarement écrite. À la même date, le rural moyen consomme dix-huit kilos de viande par an, là où le Parisien de la même époque en consomme quatre-vingt-dix. La France est alors figée, comme la plupart des pays européens, dans une grande pauvreté où l'abondance, la culture, l'hygiène et l'éducation ne concernent qu'une toute petite minorité d'individus. Nos parents, nos grands-parents, nos arrière-grands-parents regrettent leur jeunesse et leur petite enfance, et c'est bien normal. Ont-ils vraiment le regret de ce prolétariat en guenilles qui, en France comme en Europe, peuplait les campagnes, de ces foules d'ombres, de créatures, de commis agricoles, de filles de ferme, de petites mains, de petites gens qui animaient nos bourgs et nos villages? Trop souvent le folklore, les blasons de nos provinces, le mythe de la bonne et saine nature et des produits gastronomiques qu'elle recelait sont venus cacher les oripeaux de la véritable misère qui caractérisait la majorité de nos ancêtres.

Bien souvent, la chance de ceux de nos proches qui s'arrachèrent à leurs racines est d'avoir osé le faire : d'avoir osé échapper au hameau, à la soupente, au quartier, à la cage d'escalier qui les avait vu naître ; d'avoir osé couper ce cordon ombilical parfois encombrant qui aurait pu risquer de les obliger à stagner dans l'inertie, dans la torpeur de l'attentisme et de l'inaction. Peut être avons-nous un point commun avec les salades, les chenilles, les saumons, ou encore les oiseaux migrateurs : nous avons besoin d'être repiqués, transplantés, nous avons besoin d'échapper à notre chrysalide ; nous avons besoin de migrer pour croître, pour vivre, pour grandir et nous mettre ainsi à l'échelle, à la portée, à l'écoute du monde ; nous avons besoin de nous mélanger à l'univers qui nous entoure.

En ce début de troisième millénaire où nous assistons à la résurgence de mouvements de pensée qui font de la communauté ethnique, religieuse, culturelle, sociale, une valeur aussi importante, sinon plus, que les valeurs universelles de liberté et d'égalité, à cette époque de « mondialisation » où les moyens de communication semblent nous rapprocher au lieu de nous éloigner des autres et de nous-mêmes, puisqu'ils rétrécissent l'espace et raccourcissent le temps, il nous reste à comprendre que nous avons besoin de nous agripper à nos racines pour compenser certains vertiges. Mais ces racines sont d'abord en nous. Elles sont, comme le dit l'une des auditrices de Radio France, « à l'exacte température de notre peau ». Elle ne sont ni le fruit d'un faux folklore, de fausses valeurs et de fausse paille fourrée dans de faux sabots, elles ne peuvent être que le fruit de la communion de nos corps ou de nos esprits, de la vie qui nous pousse à vivre les uns avec les autres. Nos racines ne peuvent en fin de compte perdurer, renaître et prospérer que dans le mélange et dans le brassage, dans le métissage des êtres et des peuples.

JEAN-PIERRE GUÉNO

*Nazaré, Portugal, 1956 (photo E. Boubat)*

Le bout du monde - Le moyen âge - Chef de gare sur le canal - Le pays qui n'existe plus - Paradis provisoire - Un si beau dimanche - Saudade - La cour Calebasse

# Le pays d'avant

*Il vous a précédé, votre pays : qu'il ait été façonné avec les petites mousses de la douceur, de l'abondance et de la paix ou avec les épines de la misère, de la violence et de la guerre...*

*Ce « pays d'avant », vous ne l'avez pas choisi. Mais il reste à jamais votre source. Il coule dans vos veines. Vous êtes le fruit de ses parfums, de ses couleurs et de son ciel. Son chant, tendre ou douloureux, est celui de votre mère, qui veilla sur vous. Il porte la promesse de l'aube. Il vous a vu grandir. Sur vos photos d'alors, en sépia, ou avec les teintes pastel des premiers clichés en technicolor, vous avez le regard bien droit, les yeux grands ouverts de ceux qui ne savent rien de la vie.*

*Si chacun est « de son enfance comme d'un pays », écrivait Saint-Exupéry, vous l'êtes doublement. Car vous êtes tombé du nid avec plus de violence que les autres.*

*Que cette terre originelle ait été cruelle ou enchantée, que vous ayez eu envie de la renier ou de vous en réclamer, tout cela ne change rien à l'affaire. Le départ, le jamais plus, cette rupture qui a eu lieu, vous ont fait naître deux fois.*

*Les racines qu'il nous reste paraissent bien dérisoires, grugées par l'inexorable loi du changement. Cependant, elles sont comme ces menus objets que les enfants trouvent sur leur chemin pour s'en faire des jeux fabuleux.*

Marc

*Nous descendons tous, d'une manière ou d'une autre, de paysans ayant laissé leurs terres surpeuplées ou incultes pour la ville, de rejetons de province qui ont perdu leurs mœurs natales, d'immigrants qui ont abandonné une partie d'eux-mêmes dans leur pays de naissance pour se faire une nouvelle vie.* MARC

Dans les années trente, Jean-Baptiste vit avec son père, Antoine, sa mère, Anne-Marie, ses frères et sœurs Martin, Jean, Paul, Augustin, Marie et Blanche dans le petit village corse de Méla, près de Sartène. Leur vie est rude et misérable. Après la mort de leur mère, ils n'auront pas le choix et devront presque tous s'arracher à leurs racines pour se construire un avenir...

Jean-Baptiste à dix ans.

# Le bout du monde

## Méla (Corse-du-Sud), dans les années 1930

Venu au monde dans une famille de paysans peu aisée, j'allais à l'école dans un petit village montagnard du sud de la Corse. Le lieu en lui-même ne présentait aucun attrait et nos institutrices, souffrant de l'isolement, n'y restaient pas longtemps. Nous habitions une ferme agricole située à un kilomètre et demi de l'école. Nous devions faire le trajet quatre fois par jour, quel que fût le temps. Bien que notre cartable fût déjà lourd, nous devions apporter, chaque matin, une grosse bûche pour alimenter le poêle de la classe, la municipalité n'ayant pas les moyens de fournir le bois de chauffage. Je me souviens également de la crainte que nous avions d'être en retard. Il y avait bien, à la maison, un vieux réveil que nous devions remonter tous les soirs mais il prenait, au cours des jours, soit de l'avance, soit du retard, car difficilement réglable, et nous ne pouvions pas tellement nous fier à lui. Aussi avions-nous appris à nous fonder sur le soleil et l'ombre des arbres. Si la projection de l'ombre sur le sol ne nous donnait pas l'heure de façon précise, c'était suffisant pour nous indiquer qu'il nous restait encore un peu de temps. En automne, il y avait les châtaignes que nous trouvions sur notre chemin et que nous mangions toutes crues. Au printemps, c'était les violettes au flanc des talus avec lesquelles nous faisions de petits bouquets pour la maîtresse. L'été, nous ramassions des mûres ou les baies bleues de l'aubépine. À la fin de la journée, il fallait se hâter de revenir à la maison pour aider nos parents, rentrer le bétail à la bergerie et préparer nos devoirs. Plus l'hiver approchait, plus la nuit tombait tôt et plus nous nous dépêchions. Nous devions traverser le cimetière et cela ne nous rassurait pas.

À l'époque, l'État n'apportait aucune aide. Notre famille vivait en autarcie. Notre ferme n'était en rien comparable à celles que l'on peut trouver sur le continent, où les terrains sont riches et faciles à exploiter et où l'on avait souvent recours à des engins mécanisés. Nos terrains corses étaient très pentus, parsemés de rochers et de pierres de toutes sortes. Ce sont ces terres que mon père, après avoir pratiqué le brûlis, arraché les souches à l'aide d'une pioche, s'échinait à labourer avec une paire de bœufs et une charrue en bois à l'extrémité de laquelle était fixé le soc, seule pièce métallique de l'instrument. La terre, à peine égratignée par cet outil très rudimentaire, sans engrais, ne pouvait produire que des récoltes extrêmement médiocres, d'où la nécessité d'ensemencer de grandes étendues pour s'assurer une récolte suffisante pour faire vivre toute une famille. Ma mère, après avoir fait le ménage, fabriquait le fromage, allait faire la lessive à la rivière et, une fois tous les quinze jours, faisait le pain pour toute la maisonnée. Pour les enfants, elle confectionnait de petits pains ronds, *i paniolli*, qu'elle nous donnait tout chauds, dès qu'ils sortaient du four. Nous y ajoutions du beurre et nous les dévorions. C'était un véritable régal. Pour ma mère, en revanche, faire le pain ne devait pas être une partie de plaisir. La nuit, elle pétrissait la pâte à la force du poignet, ce qui durait parfois jusqu'à deux heures du matin. Puis il fallait attendre que la pâte lève. Ce n'est qu'au petit matin que ma mère découpait celle-ci et formait de petites boules quelle faisait cuire, vers dix heures, dans un four chauffé au feu de bois que nous allions chercher dans la forêt et que nous ramenions sur notre dos ! Un jour, sa générosité la poussa à donner l'hospitalité à un jeune homme atteint d'une maladie contagieuse qu'elle attrapa. Après trois ans de souffrances, à l'âge de quarante-neuf ans, ma mère laissa six orphelins dans une situation financière catastrophique.

JEAN-BAPTISTE

*Scène de dépiquage du blé près de Méla.*

*Les parents de Jean-Baptiste, Antoine et Anne-Marie (à droite), répétaient sans cesse à leurs enfants : « Vous avez de la chance de pouvoir aller à l'école, profitez-en pour étudier. Faites en sorte que votre vie soit meilleure que la nôtre. »*

*Dominique est né à Isolacciu, à trente kilomètres au sud de Bastia, en Haute-Corse. Ses parents, ses frères, sa petite sœur et lui ont vécu là, entassés dans la pièce unique d'une maison en pierre misérable et très isolée, entre Isolacciu et Prunelli.*

*Dominique, à huit ans, devant sa maison natale.*

# Le moyen âge

## Isolacciu (Haute-Corse), 1930

Je suis né en 1921 dans une maison en pierre située à quatre cents mètres d'altitude, maison isolée sur une route départementale, au pied de montagnes de deux mille mètres de hauteur. Pièce unique, sans eau, ni gaz, ni électricité. Dans cette pièce chaude d'affection, vivaient mon père, cordonnier blessé pendant la guerre de 1914-1918, ma mère et trois garçons. J'ai connu tous les rescapés de la Grande Guerre. Jambes de bois, bras coupés, poumons gazés. Deux chèvres, six poules, un cochon fournissaient notre nourriture. Pommes de terre, haricots pour l'année étaient fournis par notre jardin – verts au printemps, secs en hiver. À l'épicerie, nous n'achetions que le pétrole pour nos lampes, le sucre, le café, le riz, les pâtes et la farine pour faire le pain.

Nos habits étaient taillés dans des vêtements militaires « resquillés » par des oncles, des cousins qui s'étaient engagés dans l'armée coloniale. Avec la machine à pédale Singer – qui était utilisée aussi par mon père, qui faisait nos chaussures –, ma mère faisait nos chemises et nos pantalons; nos pulls étaient tricotés à la main. L'eau coulait à une fontaine au fond de la vallée – transportée à la main dans des cruches, il fallait l'économiser. Ainsi, dans une cuvette, on se lavait d'abord le visage, puis la figure… et les pieds, et on jetait le reste dans un tonneau pour arroser les tomates. Ma mère lavait le linge dans un bassin, près de la fontaine, avec un marteau en hiver. Pour casser la couche de glace. Elle avait vingt-cinq ans! Certains nostalgiques vous diront : « C'était le bon temps. » Je leur réponds : « C'était le moyen âge, c'est votre jeunesse que vous regrettez ! »

À six ans, rentrée scolaire. Ma mère, pourtant illettrée, m'avait appris à lire sur des livres du cours préparatoire achetés à Bastia. « Ba, Be, Bi, Bo, Bu, papa, pipe, pape, ta, tata, titi. » J'ai été admis d'entrée au cours élémentaire première année. Le chemin de l'école : un kilomètre, donc quatre kilomètres par jour, par tous les temps. L'école : chez l'habitant. Une grande pièce, quarante élèves du cours préparatoire au certificat d'études. Une cheminée et de la fumée. Les grands étaient chargés d'apprendre à lire et à écrire aux petits. L'instit ne pouvait pas tout faire. Seuls les dix meilleurs de la classe faisaient des progrès. Les autres s'engageaient dans l'armée à dix-huit ans ! Au printemps, le chemin de l'école était parfumé de l'odeur des violettes. À l'automne, on apportait des bouquets de cyclamens à la maîtresse. En été, on apprenait à nager dans l'eau du torrent.

Dominique

Moi (j'ai dix ans) avec Laetitia et Félix

Grand-mère

D'origine libanaise, Charles est né en Égypte, sur le bord du canal de Suez, en 1922. Il y vit avec sa mère, Jeanne, son père, Antoine, et ses huit frères et sœurs. Son père est employé par la Compagnie universelle du canal maritime de Suez. Charles deviendra un jour, comme son père et son grand-père, chef de gare, jusqu'à la nationalisation du canal par Nasser.

Frères et sœurs, cousins, amis, sur les berges du canal.

# Chef de gare sur le canal

## Suez (Égypte), 1930

J'habitais avec mes parents et mes huit frères et sœurs l'une des gares maritimes qui avaient été créées le long du canal de Suez afin de surveiller le passage des navires et de leur donner des instructions au moyen de signaux ou de fanaux hissés sur un mât de quarante mètres de haut. Notre gare, située à environ quinze kilomètres de Suez, s'appelait la 146. Elle devait son nom au fait qu'elle était distante de cent quarante-six kilomètres de l'entrée du canal, à Port-Saïd.

Mon père était chef de gare. Comme dans toutes les gares du canal, quatre autres familles vivaient là, celles du sous-chef de gare et de trois matelots.

Nous n'avions pas d'électricité, pas de radio, pas de télévision, pas de routes terrestres, pas de magasins à proximité, pas de… Si la modernité n'était pas arrivée jusqu'à nous – ce que je ne devais, d'ailleurs, réaliser que bien plus tard –, nous avions cependant le sentiment d'être entourés de tout ce qui peut faire le bonheur : le désert, les nuits étoilées, une école, le canal de Suez…

Nous avions le désert, qui est loin d'être un endroit vide. On y trouve du sable, bien sûr, mais aussi des cailloux, des coquillages, des fossiles du gypse, différentes sortes de mouches, dont certaines piquaient, des bourdons, des libellules, des scarabées, des criquets, des sauterelles, des couleuvres, des vipères, des lézards, des caméléons, des hyènes…

Nous avions la magie des nuits étoilées, et l'absence d'électricité nous permettait d'en profiter pleinement. Que de fois, face au désert, confortablement installés dans des chaises longues en position basse, pour ne pas avoir à faire l'effort de lever la tête, nous avons fixé le ciel pendant des heures. Le premier qui voyait une étoile filante criait et on faisait le total des points en fin de soirée. Parfois, elles arrivaient comme une pluie d'étoiles, mais cela ne comptait pas…

CHARLES

La gare 146, où habite la famille de Charles, ainsi nommée parce qu'elle se trouve à cent quarante-six kilomètres de Port-Saïd, l'entrée du canal.

La plus jeune sœur de Charles, Bernadette, pose sur la rambarde de la gare 146.

Jean-Pierre est né en 1942 dans les Charentes, au pied du Massif central. Son père, Pierre, épouse Suzanne en 1939. Pendant la guerre, il entre dans la Résistance, il est dénoncé et fusillé au mont Valérien en décembre 1943. Jean-Pierre habite alors chez sa grand-mère. À cinq ans, il rejoint sa mère à Juvisy, découvrant progressivement qu'il ne reverra jamais son père, dont un « beau-père » a pris la place.

*Jean-Pierre et sa sœur avec leur mère, en 1949.*

# Le pays qui n'existe plus

## Les Bouins (Charentes), 1945

Je suis né un jour, là-bas, quelque part dans les fonds, où la montagne joue encore avec la plaine, juste entre les deux, où rien n'est devenu immuable. La nature y restait timide, pas tranchée… Elle ne ressemblait à rien d'autre qu'à ce que l'on peut aimer, tranquille, sans trop d'exubérance, furtive avec les saisons, modeste et vulnérable. Les hommes ont tout tenté pour qu'elle leur ressemble un peu, pour la policer, la domestiquer et la mettre à leur pas…

Je ne crois pas qu'ils pouvaient vraiment réussir, tellement ils avaient de mal à ressembler eux-mêmes à quelque chose… Quand les hommes disparaissent, la nature reprend le dessus, elle mange les champs, les vignes, les cerisiers, et tout cela redevient futaie, taillis ou roncier sauvage. Elle vaincra toujours, c'est écrit quelque part. Ils ont mis longtemps à le comprendre ! Cela leur a pris des siècles de souffrance et d'espoir. Maintenant, ils partent… Les voilà partis. Ne demeurent plus que quelques personnes qui s'accrochent désespérément. Les jeunes reviennent de temps en temps, rapides, nerveux, importants, chevaliers d'une époque diaboliquement motorisée. Ils ne s'inquiètent même plus de la progression végétale ni de l'inexorable étouffement des traces de leur passé. Ne restent plus que les routes pour opposer un peu de résistance. Le silence lui-même n'a plus de qualité, vieux silence séculaire, celui des bruissements les plus naturels, hérités du fond des âges. Le voilà mort, assassiné par des machines terrifiantes de stridence et de haine, dont les miaulements ricanants volent de vallée en vallée, vrillant d'écho en écho jusqu'à l'infini…

Dans le temps, les jours et les choses coulaient, les événements et l'air du temps dirigeaient le déroulement quotidien de l'existence. Parfois les foins, un peu plus tard les moissons, souvent les récoltes. Le soir, à la saison où tous s'entraidaient, les femmes organisaient des festins très extraordinaires, des choses délicieuses et énormes, toutes pleines de grandeurs papillaires et bien simplement mitonnées. Cela formait des tablées fantastiques, houleuses et imprévisibles, arrosées en quantité de modestes pinards, clairs comme groseille et d'une loyauté familiale !
Nous ne voyions pas souvent les gens des villes. Ils ne venaient pas par là… Cela se situait bien trop loin de la route et de tout ce qui faisait que leur vie semblait plus belle, plus complète !
Nous, les enfants, filions vers la rivière. Il fallait beaucoup marcher, mais le chemin ne paraissait pas aussi difficile que celui qui menait à l'école. Quel bonheur ! On nous apprenait à monter des lignes, pas vraiment un enseignement très sérieux, plutôt approximatif. Nous avancions dans les bois, entre les vallons, et nous arrêtions tout le temps, histoire de cueillir une noisette, une fraise des bois, des petites choses agréables qui trouvaient le moyen de traîner par là, gentiment…

L'heure venue, nous mangions d'immenses tartines toutes recouvertes de choses délicieuses, de tous ces produits qui ne sortaient pas de ces étranges boîtes qu'on voyait, çà et là, sur les étagères de l'épicière du village d'en haut. Ma grand-mère prenait certainement le temps de les préparer à la saison, et de ranger ses conserves tranquillement à la cave pour les laisser mûrir le temps idéal, et qu'elles deviennent du meilleur qu'elles pouvaient. Ce genre d'ouverture sur le reste du monde, finalement assez restreinte, n'imposait pas d'aller bien loin pour trouver des voyages extraordinaires à raconter, encore et toujours. Des événements circonscrits, limités et communaux, en quelque sorte… Pas Marco Polo, quoi !

Lorsque le soleil tombait un peu derrière la forêt, nous repliions nos gaules, roulions les ficelles, empaquetions toutes choses qui traînaient dans la nature, et filions tant bien que mal vers la maison. Tout le monde se trouvait assez fourbu, mais nous réussissions à nous amuser encore un peu sur le chemin. Lorsque nous arrivions à la maison, il mijotait toujours une marmite qui fumait près de la cheminée, et nous nous régalions voracement…

Jean-Pierre

Partition d'une chanson en patois des Charentes, qui fut la première langue de Jean-Pierre.

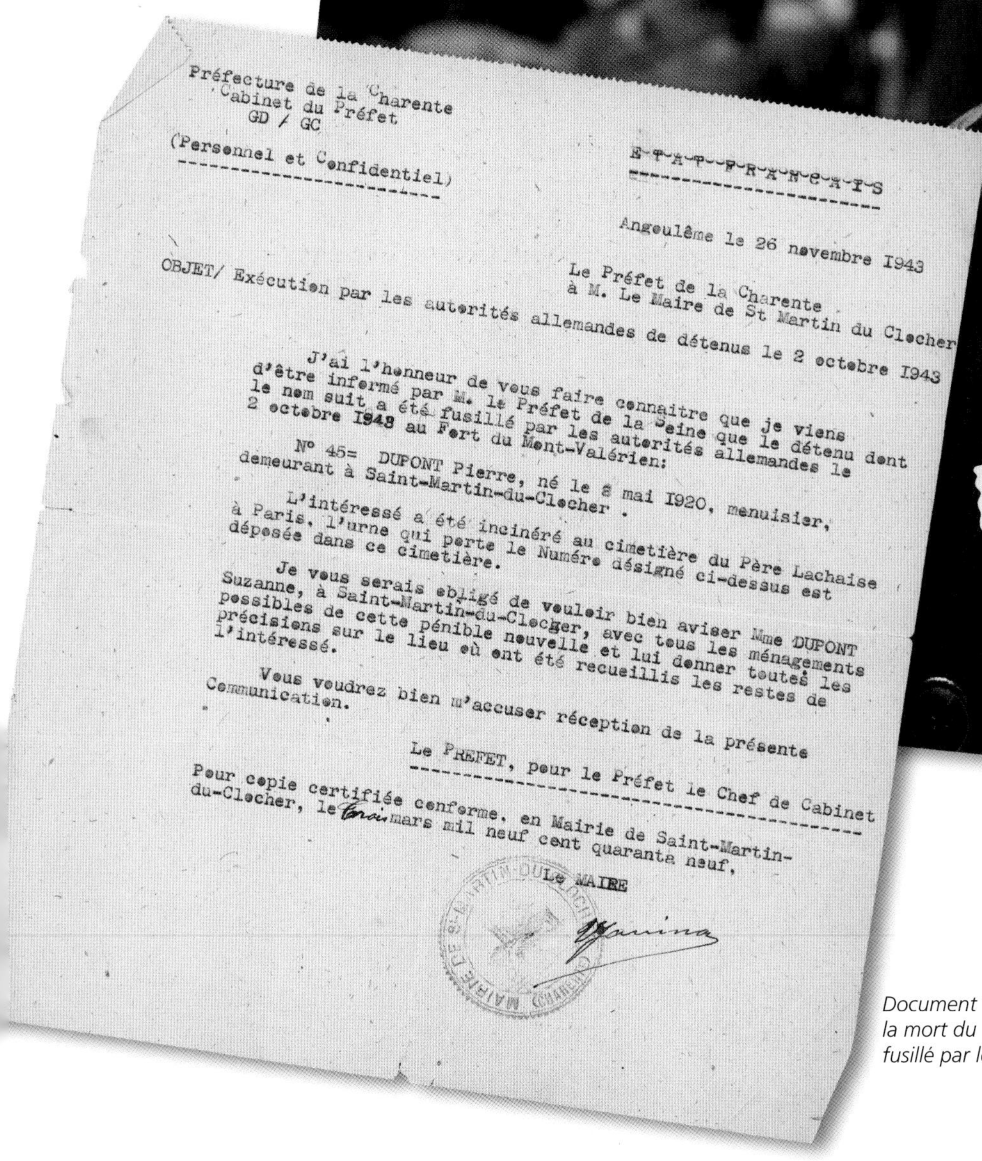

Préfecture de la Charente
Cabinet du Préfet
GD / GC

(Personnel et Confidentiel)

~~E T A T F R A N C A I S~~

Angoulême le 26 novembre I943

Le Préfet de la Charente
à M. Le Maire de St Martin du Clocher

OBJET/ Exécution par les autorités allemandes de détenus le 2 octobre I943

J'ai l'honneur de vous faire connaitre que je viens d'être informé par M. le Préfet de la Seine que le détenu dont le nom suit a été fusillé par les autorités allemandes le 2 octobre I948 au Fort du Mont-Valérien:

N° 45= DUPONT Pierre, né le 8 mai I920, menuisier, demeurant à Saint-Martin-du-Clocher .

L'intéressé a été inciné au cimetière du Père Lachaise à Paris, l'urne qui porte le Numéro désigné ci-dessus est déposée dans ce cimetière.

Je vous serais obligé de vouloir bien aviser Mme DUPONT Suzanne, à Saint-Martin-du-Clocger, avec tous les ménagements possibles de cette pénible nouvelle et lui donner toutes les précisions sur le lieu où ont été recueillis les restes de l'intéressé.

Vous voudrez bien m'accuser réception de la présente Communication.

Le PREFET, pour le Préfet le Chef de Cabinet

Pour copie certifiée conforme, en Mairie de Saint-Martin-du-Clocher, le trois mars mil neuf cent quarante neuf,

LE MAIRE

Un dimanche en famille après la guerre, à Juvisy-sur-Orge. Jean-Pierre est assis, à droite.

Document officiel annonçant la mort du père de Jean-Pierre, fusillé par les Allemands en 1943.

Les grands-parents de Bernadette ont quitté, l'un le Jura, et l'autre la Normandie pour le Maroc au début des années 1920. Robert, son père, est officier de police, sa mère, Renée, secrétaire. En 1960, Robert est muté en Algérie. Bernadette a huit ans, son frère Yves en a dix. Ils restent à Casablanca avec leur mère et leurs grands-parents. En 1962, ils rejoignent Roubaix après avoir passé quelques mois en Algérie.

Bernadette dans le port de Casablanca en juin 1957.

# Paradis provisoire

## Casablanca (Maroc), années 1950

À l'horizon inconnu se dessine peu à peu la côte, puis la ville blanche et lumineuse, Casablanca… C'est ici que, gommant toute nostalgie, ils vont prendre racine, c'est ici que va s'écrire leur avenir : ils ne savent pas encore que leurs enfants y grandiront, et à leur tour y resteront…

Je suis la petite-fille de Fernande et Georges, et c'est dans ce pays de lumière que je suis née. J'ai pris ainsi place dans leur histoire, et l'émotion m'envahit lorsque j'en tourne les pages. Ma mémoire, comme la leur, est à jamais imprégnée des paysages, des parfums, des saveurs de ce pays où la vie douce et sereine semblait nous épargner les peines et nous préserver de tous les tourments au cœur de l'écrin familial.

Le souvenir souvent me revient d'un lieu, d'un nom ou d'une voix, d'un visage aux traits imprécis, d'images tendres et lointaines. Je suis dans la tente, montée sur la plage de nos dimanches, les flots me bercent ou m'éveillent : c'est le temps de ma plus tendre enfance, éblouie et fascinée par la mer.

Les familles et les amis sont réunis et se construisent un paradis sur ces rivages, propices aux baignades, aux dînettes joyeuses.

Les frères et les sœurs, les cousins et les cousines partagent leurs jeux, leurs rites, leurs secrets, leurs rêves, leurs mystères, se plaisent à imaginer des royaumes et des châteaux, des jours de fête et des eldorados, et à s'inventer des vies différentes, surprenantes, extraordinaires.

Christine est née le même jour que moi, mais pas de la même maman : c'est ma jumelle de cœur. Toutes deux, nous nourrissons pour nos poupées des attentions maternelles, nous jouons à grandir plus vite en fumant des cigarettes en chocolat, et nous échangeons nos confidences, baignant dans l'eau tiède, façonnant le sable ou le faisant glisser sur notre peau salée.

Mon père a la main heureuse, et ses pêches miraculeuses émerveillent tous les enfants, qui se bousculent pour poser fièrement à ses côtés. Lorsque l'océan se fait trop froid, entre novembre et mars, mon frère est un parfait éclaireur, et, de bon cœur, il ouvre mes chemins à travers les bois ou s'émerveille avec moi devant les hauteurs enneigées de l'Atlas.

Ma pensée retrouve mon grand-père s'appliquant à son jardin, se penchant sur mon cahier de devoirs du soir, épluchant avec soin et tendresse l'orange de mon goûter, ou m'offrant un beignet dont le sucre fin éclabousse ma frimousse gourmande ; puis la silhouette affairée de ma grand-mère préparant la tarte aux pommes ou les pruneaux cuits du dimanche, ôtant le linge odorant et brûlant de la lessiveuse fumante, ou reprisant en chantonnant ma jupe bleue et grise, tricotée de ses mains. À leurs côtés, rares sont mes chagrins, et bien vite séchées mes larmes.

Je revois la cour d'école, les farandoles d'écolières, l'encrier immaculé sur les pupitres en bois ciré, le syllabaire et le premier livre de lecture, *Ma chaumine*. Quelquefois, l'après-midi, un instituteur marocain vient nous enseigner la langue et l'histoire du Maroc : je m'applique à tracer les lettres arabes… Lorsque j'ai de bonnes notes, je reçois parfois une petite poupée portant les vêtements des provinces de France ou du Maroc.

Une boulangerie fait face au grand portail de l'école, la boulangère est une amie et m'offre souvent des douceurs sucrées. Lorsque ma mère est en congé, elle m'achète un croissant doré : c'est un tout petit bonheur d'enfant, un instant fugace et merveilleux.

BERNADETTE

Samedi

Cher Papa.

Maman nous a écrit et nous
a dit que tu étais à Hussein
Ce matin nous avons fais le classement des
et je suis 4e et je te donne mes notes
comme à maman ; 9 en conduite,
8 en leçon, 9 en devoirs, 7 en écriture
8 en dictée, 8,75 en questions, 9, 8 en
histoire - géographie, 5 en sciences, en
rédaction. J'espère que tu travailles bien
à l'école des policiers et que tu vas
surement réussir à ton examen pour
devenir chef - Dimanche dernier nous
sommes allés avec Monsieur Peyre
à la campage et nous sommes allés
aussi au marché de Fitmélill parce
que eux, ont une voiture et grand
père et mamie n'en n'ont pas -
J'ai oublié de te dire ma note de

Aïn-Sebaa - 1949
Mes parents Robert et Renée
Le bonheur des fiancés

Cap Cantin - 1952
Mon père Robert
Pêche miraculeuse

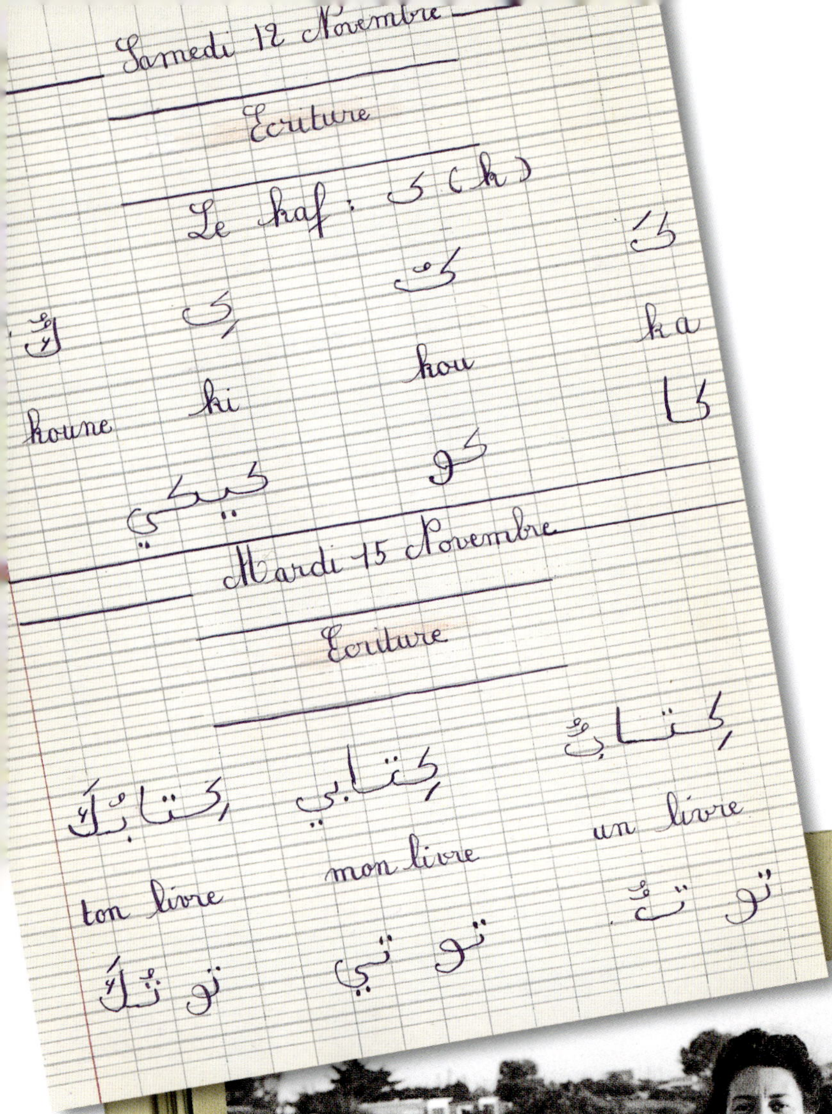

Samedi 12 Novembre

Ecriture

Le kaf : ك (k)

كَ ka

كُ kou

كِ ki

كٌ koune

كا

كو

كيكي

Mardi 15 Novembre

Ecriture

كِتَابٌ un livre

كِتَابِي mon livre

كِتَابُكَ ton livre

تُوتٌ

تُوتِي

تُوتُكَ

Pont Blondin - 1958
En famille
Retour de la plage

Le Dahomey - 1957
Yves, Bernadette, Joëlle, Christia
Joyeuse dînette entre cousins

*« Ma mémoire est à jamais imprégnée des paysages, des parfums, des saveurs de ce pays où la vie douce et sereine semblait nous épargner les peines et nous préserver de tous les tourments au cœur de l'écrin familial. »*

BERNADETTE

*À quarante et un kilomètres au nord-est d'Oran, se trouve l'une des plus belles baies de la côte algérienne, la baie d'Arzew : c'est là que vivait depuis quatre générations la famille de Noëlle, qui avait dix-huit ans en 1962, lorsque son père, professeur d'espagnol, fut obligé de quitter Arzew.*

*La sœur de Noëlle avec ses petits-neveux devant le port d'Arzew.*

# Un si beau dimanche

## Arzew (Algérie), 1961

Des promenades dominicales, celle que je préférais était en direction d'Arzew, petit village situé à une quarantaine de kilomètres d'Oran, en bord de mer, véritable village de pêcheurs. Papa y était né et une partie des habitants descendait de familles napolitaines qui avaient émigré depuis trois ou quatre générations. Certains venaient, comme nous, d'une petite île qui s'appelle Procida. Le départ pour la promenade se faisait après la traditionnelle sieste de vingt minutes de papa. On laissait la ville derrière nous, direction Sainte-Léonie, où quelquefois on s'arrêtait chez des cousins pour le café. Il y avait aussi la traversée de la forêt d'M'sila où une foule d'Oranais venait passer la journée avec le pique-nique. Nous arrivons à Arzew. Le souvenir du village en lui-même est très lointain, la ballade était immuable : trois ou quatre allers-retours sur la jetée du port, puis au milieu des filets de pêche que des hommes recousent inlassablement, dimanche ou pas dimanche.

Celui-ci est particulier, il fait très beau, chaud, c'est le printemps. Janine, André et les enfants sont avec nous. André s'installe sur un rocher de la jetée avec sa canne à pêche en nous promettant tous les meilleurs gros poissons et on assiste à la sortie de quelques ablettes et demoiselles inconsommables. J'adorais ces moments, je courais de rocher en rocher, en évitant de me mouiller les pieds, puis, tête en bas, je décollais les arapèdes avec une pierre plate, tout cela en « jupe du dimanche » que je ne devais surtout pas salir ! On l'entendait au loin le teuf-teuf des chalutiers qui rentraient au port ; aussitôt je délaissais les rochers et, avec papa, nous allions sur le quai, à la rencontre des chaluts. Un à un, ils accostaient. Un vrai plaisir de voir ces cageots regorgeant de poissons frétillants, des crevettes languissantes et les langoustines qui s'agitaient dans tous les sens. Papa achetait des sardines et des langoustines et nous allions au bar du port avec nos paquets vivants. Là, on nous les faisait griller sur une grande plaque chauffée au charbon en plein air. À côté, nous étions installés à une table, les parents prenaient l'anisette, les enfants un sirop et on se pourléchait les babines tout en écoutant André raconter des histoires de pêche : une dorade lui aurait échappé ! Va savoir… Il a un tel bagou. C'était la belle vie. On rentrait à la tombée de la nuit, en chantant. On retraversait la forêt en silence, un peu inquiet. Il restait toujours une ou deux familles qui profitaient de leur journée au maximum. Puis on voyait au loin les lumières d'Oran.

Nous sommes dans la « Simca grand large » et je regarde à ma gauche une femme dans son jardin, accoudée à sa barrière. Elle parle à une voisine, vision fugitive, elle fait partie de ma journée.
Papa ne rentre jamais directement à la maison, il fait une *girulina*, voire deux ou trois selon les soirs, c'est-à-dire qu'il roule à dix kilomètres à l'heure dans les rues principales, rue d'Arzew, rue d'Alsace-Lorraine, on peut voir les vitrines éclairées et les Oranais faisant le *paseo*. Quelquefois, on se reconnaît et on se salue. Papa tourne avenue Loubet, on rentre.

NOËLLE

Jan 93

Isabel est née en 1958 à Benavente, près de Lisbonne. Son père, Antonio, est maçon et agriculteur. Sa mère, Guilhermina, travaille dans les rizières. L'un et l'autre sont des enfants d'ouvriers agricoles. À cette époque, le Portugal vit sous la dictature de Salazar. Antonio partira en France, en éclaireur, six ans avant sa famille, chassé de son pays par une misère qui fait d'eux des exclus.

*Isabel lors d'une procession à Benavente, en 1961.*

# Saudade

## Benavente (Portugal), 1966

Nos parents étant trop pauvres pour que nous puissions manger à la cantine, nous amenions un goûter pour le repas de midi. J'aimais bien ce petit panier en osier, que j'ai gardé, où ma mère me mettait deux petits pains remplis d'omelette, de chorizo, de marmelade de coings ou de beurre de cochon, du saindoux coloré au paprika.

Ce fut par un matin d'hiver, froid et humide, qu'un regard s'inscrivit à jamais en moi. Je fréquentais la *segunda classe*. Pauvrement habillée, mais propre, les bottes noires en caoutchouc aux pieds, les cheveux et le corps trempés par la pluie, transie de froid, je me rendais seule à l'école. Alors que j'étais presque arrivée, un garçon me dévisagea avec mépris. Tirant sur le manteau de sa mère pour qu'elle me regarde à son tour, il cria avec dégoût : « Regarde la gitane ! » J'ai vu dans ce regard, dense, presque palpable, une répulsion pour la petite fille pauvre que j'étais, une envie de destruction de cette petite chose trempée jusqu'aux os. Ses yeux et son corps m'excluaient de son espace. Une solitude et une tristesse infinies m'ont habitée pendant des mois, voire toute ma vie. Maintenir le regard, ne pas pleurer. Ne pas crier le froid de ce regard qui m'écrasait de toute ma pauvreté. Serrer les dents. Lui sourire, d'une force volontaire, et défier son mépris de toute la volonté et l'énergie acquises au combat de la rue. Ne pas lui montrer ma peine. Aujourd'hui encore ce regard est là, présent. Et la même boule dans la gorge. Je crois que je suis devenue adulte ce jour-là. J'avais huit ans. Mon père était parti, depuis peu de temps, loin, en France. À la maison, seul le salaire de mon frère aîné nous permettait de survivre, durement. J'avais mal de toute cette absence, à toute la pauvreté qui ne nous permettait pas de manger tous les jours à notre faim ni de nous habiller chaudement. J'avais mal de la conscience de notre différence par rapport à ceux de la ville. Et ce matin-là, avec ce regard, j'ai pris l'engagement de ne plus permettre à qui que ce soit de me regarder comme ça ou de regarder ainsi les gens que j'aimais. J'ai pris l'engagement de devenir « quelqu'un » et de donner un nom à mes parents.

Papa avait trente-neuf ans et n'en pouvait plus de nous voir dans l'extrême pauvreté. Dans sa poche, l'adresse d'un ami de Benavente, qui vivait en région parisienne, était son point de repère et sa sécurité intérieure. Des semaines plus tard nous avons su qu'il était bien arrivé.

Dans ses lettres d'alors il nous racontait les vendeurs de sommeil qui louaient des chambres remplies de puces et de cafards, les compatriotes qui s'entraidaient, qui dormaient en « trois huit » dans les baraquements des bidonvilles de Champigny ou de Chevilly-Larue, dans le Val-de-Marne. À tour de rôle, chacun occupait un lit en fonction des horaires des camarades de chambrée. Il nous racontait les compatriotes sans scrupule qui escroquaient les nouveaux arrivants à la gare d'Austerlitz en leur proposant des faux papiers ou des contrats de travail, qui s'avéraient être, par la suite, des contrats d'esclavage en vue d'obtenir les précieux papiers, la carte de séjour et la carte de travail. Il nous racontait le travail à la tâche dans les entreprises du bâtiment. Les immigrés y rivalisaient d'ardeur pour travailler encore et encore afin de gagner un peu plus d'argent en faisant le bonheur de sociétés qui sont devenues depuis des multinationales. Il nous racontait comment les émigrés comme lui s'orientaient dans le métro parisien : aux panneaux publicitaires dans les couloirs ! et comment ils se perdaient quand les panneaux changeaient !

Il nous disait aussi sa *saudade*, son manque de nous, de sa famille et de sa *terra* de Benavente. Il ne disait rien de ses privations, mais nous les devinions.

Dans les lettres qu'il envoyait à maman, il y avait souvent un petit mot pour moi. Je lisais sur cette écriture hésitante l'effort de la main de mon père, à peine alphabétisé, qui essayait, des heures durant, de vivre, au loin, un moment de communion avec nous. L'écriture était le seul moyen de communication possible entre lui et nous. Ces courriers étaient un moyen de « tuer » la nostalgie et le manque.

Isabel

*Ci-contre: Antonio et Guilhermina, les parents d'Isabel, en 1946.*

Port-au-Prince, début des années 1980. Guy a douze ans. Sa famille croupit dans des taudis situés en face du service d'hygiène de la capitale haïtienne. Son père a déserté Port-au-Prince quand Guy avait un an. Sa mère doit partir travailler en Guadeloupe pour payer la scolarité de son fils dans un collège privé...

*Guy dans ses habits de premier communiant à Port-au-Prince.*

# La cour Calebasse

## Port-au-Prince (Haïti), 1980

Petit, je me vois encore à la cour Calebasse, torse nu, un petit slip déchiré, scrutant le ciel pluvieux, dans une toute petite ruelle couramment appelée corridor. Au bout du corridor, un filet d'eau stagnante dans le caniveau, d'une saleté indescriptible… Dehors, dans un bordel à vous dérégler le cerveau, le va-et-vient incessant des « tap-tap », ces transports en commun si typiquement haïtiens. Dès qu'il pleut, tous les enfants de la cour obtiennent l'autorisation de leurs parents d'aller se baigner sous cette eau providentielle venant de la maison de Dieu. Comme on était dans un pays tropical, on ne pouvait pas faire de la luge, alors on s'est inventé une piste de luge naturelle, à savoir le sol de la cour Calebasse. Il était cimenté : avec la pluie, il devenait très glissant ; on se lançait pour se laisser tomber sur le ventre : on pouvait ainsi glisser sur l'abdomen sur plusieurs mètres, risquant à chaque mètre de nous déchirer le ventre sur un vieux caillou, un tesson de bouteille ou un clou… Mais évidemment, à l'époque, on n'en était pas conscient. C'est ça le miracle de l'enfance. Le miracle de la vie, dans un pays où l'espérance de vie ne dépasse pas cinquante-deux ans. Je me souviens également de cette petite case faite de bois et de tôle, transpercée de fissures, aux flancs comme sur le toit. Quand il pleuvait, il fallait disposer par terre deux ou trois bassines pour recueillir la pluie qui traversait le toit. Dans cette petite case, sans W.-C. ni douche, on vivait à une dizaine. Certains soirs, quand la famille de la campagne passait à la maison, il fallait disposer deux ou trois matelas au sol pour que l'on puisse dormir, tandis que sur le seul lit disponible on se couchait de travers à quatre ou cinq. Et c'était formidable, pour l'enfant que j'étais ; jamais je n'ai eu l'impression de souffrir, d'être dans le besoin, au contraire. À aucun moment je n'ai ressenti un manque d'espace. Cet encombrement donnait de la vie à la vie. Il y avait une ambiance de fête, d'autant plus que le repas était de ce fait plus riche, car les visiteurs, oncles et tantes, apportaient de la campagne des victuailles qui n'étaient que trop rarement dans nos assiettes. Ajouté à cela les cadeaux qui m'étaient offerts, j'étais dans un état d'excitation paroxystique.

Dans cette même rue des Magasins d'État, j'ai connu la peur de ma vie… Je devais avoir une dizaine d'années ; j'apprenais à monter à bicyclette quand, perdant le contrôle du deux-roues, j'allais heurter un tonton macoute, un de ces miliciens duvaliéristes de sinistre mémoire qui avaient droit de vie et de mort sur les Haïtiens… Furieux, l'homme sort son revolver et le pointe sur moi… Je m'attends à entendre la détonation et puis, heureusement, il était accompagné d'un autre homme qui a écarté l'arme de ma tête… Pour quand même me faire payer mon impertinence d'être un enfant apprenant à monter à vélo, j'ai reçu une claque qui m'a envoyé dans le caniveau… C'est le dernier souvenir qui me reste de ce pays que j'ai quitté en 1983, lorsque nous avons pris l'avion pour la Guadeloupe, île immensément riche si on la compare à Haïti, département français d'outre-mer… Guy

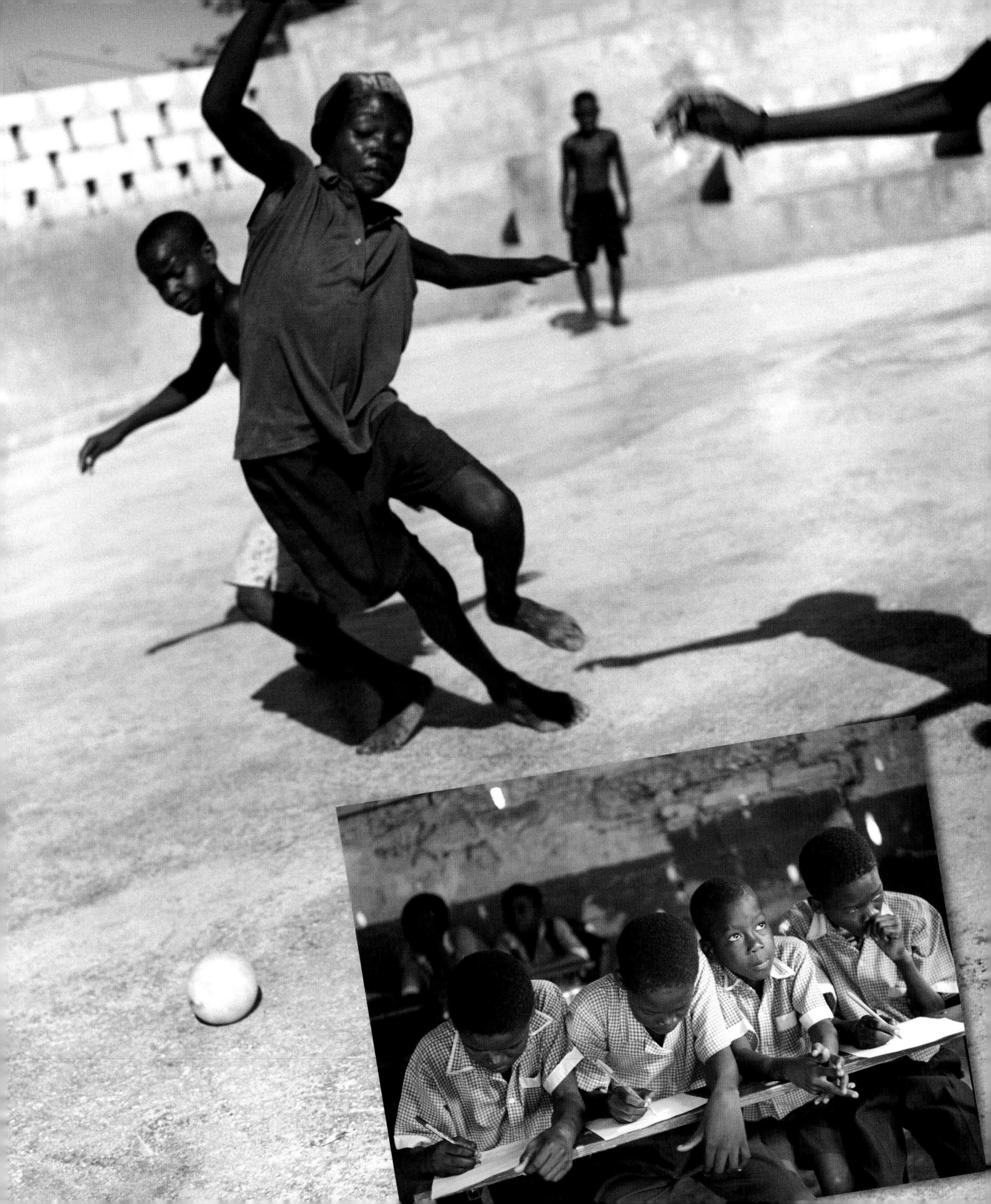

Départ vers le Nouveau Monde - Adieux au Café de France - Les enfants de la révolution - Les grandes famines - Fuir la guerre - Une vie sans horizon- L'abandon de la ferme d'Olivet - L'arrache cœur - Le chardonneret - L'échappée belle - De la Serbie à Nice - Ce fut un long voyage

# Envols

*Que votre enfance ait été de miel ou de vinaigre, vous avez répondu à l'appel de la vie. Il vous faut quitter un coin de terre qui était déjà celui de vos parents et de vos grands-parents ou fuir le quartier de misère ou le hameau sinistre où vous étouffez.*

*Vous êtes en instance. Le compte à rebours a commencé. Votre décision est prise, le départ programmé: un vide s'est installé au creux de votre poitrine. Quelque part entre le cœur et le plexus. Mélange subtil et complexe d'une envie de partir et d'une envie de rester; de retourner somnoler sous les draps de votre enfance.*

*Et puis c'est l'instant du départ. Le moment de la déchirure. Quelque chose se rompt. Comme si vous tombiez du nid, devenant soudainement un oiseau migrateur sans jamais avoir véritablement appris à voler... Dissimulée dans vos bagages, votre enfance part avec vous. Vous pensiez l'avoir oubliée. C'est elle qui se rappelle à votre souvenir, cachée entre deux mouchoirs ou dans le fond d'une poche. C'est une douleur fantôme, une sensation étrange aux confins de la morsure et du baiser.*

*Émigrants européens en partance pour Haïfa (Photo R. Capa).*

MURCIA

M.M

*« On promet d'écrire, on promet de revenir ici bientôt, mais on n'écrit pas, c'est-à-dire on n'écrit pas l'essentiel, et on ne revient pas, avant longtemps.»*

OUIZA

On ne sait rien de ce jeune homme français qui émigre aux États-Unis au début des années 1830 pour aller y enseigner dans une école de sourds-muets : ni son nom, ni son âge. Seule trace de son existence : le manuscrit relatant son voyage, rédigé à la plume sur le bateau qui lui fait traverser l'océan, puis sa vie dans une maison de New York, qui ressemble encore à une ville de province...

# Départ vers le Nouveau Monde

## Liverpool – New York, 1830

Notre séparation avait été silencieuse mais mon cœur était gonflé de tout ce que ma bouche n'avait pas dit. Dans les grandes circonstances de la vie, nous éprouvons un trouble dans le moment même, qui, en les faisant péniblement sentir, nous empêche aussi de les comprendre. C'en était une grande pour moi que celle qui me séparait de mon père pour aller passer, sur une terre inconnue, un temps incertain, et ayant plus à portée de ma vue les regrets que les espérances...

Je fis le soir une promenade au port de Liverpool et sur les jetées qui bordent l'entrée des bassins ; j'y vis aborder les bateaux à vapeur de Dublin remplis de pauvres Irlandais qui venaient la plupart prendre à Liverpool passage pour l'Amérique et de bestiaux qui faisaient toutes les difficultés du monde pour débarquer. Le port de Liverpool contenait à peu près mille deux cents vaisseaux, tous de fort tonnage.

À mon retour à l'hôtel, un des garçons, mulâtre, du vaisseau vint m'annoncer notre départ pour quatre heures. Le bâtiment était de quatre cent cinquante tonneaux ; il avait soixante-quatre pas de long sur quatorze de large et l'équipage que commandait notre capitaine se composait de deux contremaîtres et de dix-huit matelots.

Le spectacle que présentait le pont vaut bien une description : dans l'intervalle du grand mât de misaine, deux chaloupes renversées l'une sur l'autre formaient une étable qu'une belle vache laitière partageait avec huit moutons. De chaque côté du toit, deux rangées de longues cages de bois étaient le domicile de notre volaille, consistant en dindons, oies, poulets, et canards, au nombre de plus de cent. Autour et partie sous la chaloupe dont la quille portait sur l'écoutille des contre-ponts de la cargaison, une large truie logeait avec sept cochons, et vingt tonneaux attachés par des cordes formaient l'enceinte de notre basse-cour.

Les matelots déplièrent les voiles et une brise bien fraîche nous poussa hors de la rivière. Liverpool fut bientôt perdue de vue et je fis mes premiers adieux à l'Europe. Cette première journée fut pour moi un rude commencement ; pas pour moi seul, il est vrai, car je voyais quelquefois autour de moi des mines, miroirs de la mienne, sans doute, qui était bien piteuse. Toutefois, tout entier à ma propre désolation, je ne me rappelle guère celle des autres.

Ma pensée suivait les rayons du soleil vers le vieux monde et vers vous, ma famille et mes amis. Le capitaine dressa l'état des passagers en tout au nombre de cinquante-deux, depuis l'âge de trois ans jusqu'à celui de quatre-vingt-deux. Le vieillard, passager de l'avant, était un pauvre Irlandais allant voir son fils établi en Amérique.

Le 29 octobre à neuf heures, nous n'étions plus qu'à cinquante lieues de New York. Les premiers messagers américains qui vinrent à bord furent trois papillons noirs qui voltigèrent dans nos manœuvres. Nous découvrîmes enfin avant que le jour fut tombé Long Island comme un ruban nuageux à l'horizon. Ce petit nuage était suffisant pourtant pour faire une impression singulière sur les passagers qui n'avaient vu que ciel et eau pendant trente jours.

À six heures, tous les yeux se tournèrent vers un fanal. Le premier objet du travail des hommes qui nous annonçait le peuple d'Amérique. Ce n'est pas une plaisanterie, nous sommes en Amérique.

Nous avons enfin touché cette terre lointaine que nos imaginations travaillaient à nous dépeindre depuis longtemps. En touchant son sol hospitalier, je me suis cru plus près de ma patrie qu'au moment où j'abordais à Douvres. La tournure des passants me semblait presque française. Monsieur Smith me conduisit par Broadway.

Une rue droite jusqu'au bout de la ville, pavée à la manière anglaise en gros cailloux ronds, bordée de larges trottoirs en dalles. Des arbres encore jeunes et des lampes à gaz à pied de fonte sont placés sur le bord du trottoir. Le bas de Broadway est principalement occupé par les hôtels et les pensions bourgeoises. Vient après la partie qu'occupent les boutiques de luxe de New-York, mais comme c'est un dimanche, toutes les devantures sont fermées. JEAN

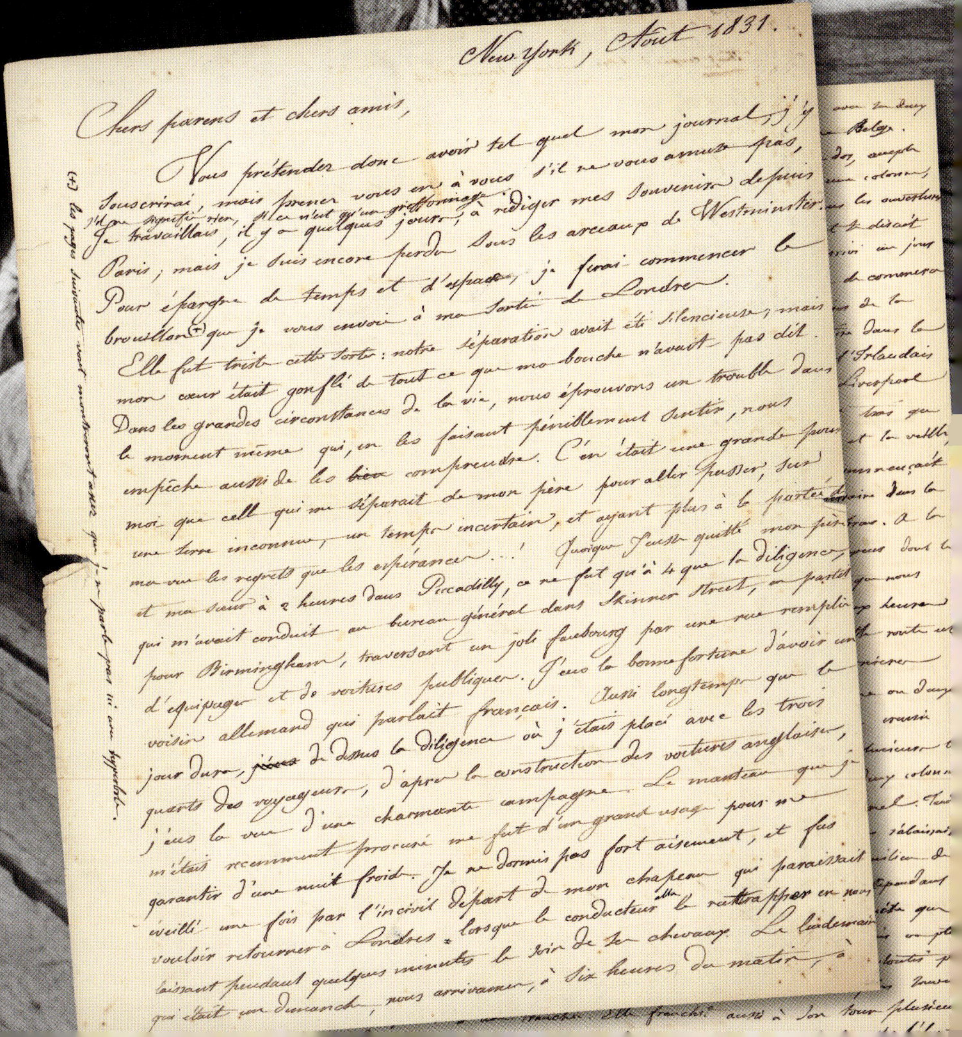

New-York, Août 1831.

Chers parens et chers amis,

Vous prétendez donc avoir tel quel mon journal, j'y souscrirai, mais prenez vous en à vous s'il ne vous amuse pas, s'il ne signifie rien, s'il n'est qu'un griffonnage. Je travaillais, il y a quelques jours, à rédiger mes souvenirs depuis Paris; mais je suis encore perdu sous les arceaux de Westminster. Pour épargne de temps et d'espace, je ferai commencer le brouillon(+) que je vous envoie à ma sortie de Londres.

Elle fut triste cette sortie: notre séparation avait été silencieuse, mais mon cœur était gonflé de tout ce que ma bouche n'avait pas dit. Dans les grandes circonstances de la vie, nous éprouvons un trouble dans le moment même qui, en les faisant péniblement sentir, nous empêche aussi de les bien comprendre. C'en était une grande pour moi que celle qui me séparait de mon père pour aller passer, sur une terre inconnue, un temps incertain, et ayant plus à la portée de ma vue les regrets que les espérances...! Quoique j'eusse quitté mon père et ma sœur à 2 heures dans Piccadilly, ce ne fut qu'à 4 que la diligence qui m'avait conduit au bureau général dans Skinner street, en partit pour Birmingham, traversant un joli faubourg par une rue remplie d'équipages et de voitures publiques. J'eus la bonne fortune d'avoir un voisin allemand qui parlait français. Aussi longtemps que le jour dura, ~~[illegible]~~ de dessus la diligence où j'étais placé avec les trois quarts des voyageurs, d'après la construction des voitures anglaises, j'eus la vue d'une charmante campagne. Le manteau que je m'étais récemment procuré me fut d'un grand usage pour me garantir d'une nuit froide. Je ne dormis pas fort aisément, et fus éveillé une fois par l'incivil départ de mon chapeau qui paraissait vouloir retourner à Londres, lorsque le conducteur alla le rattraper en nous laissant pendant quelques minutes le soin de ses chevaux. Le lendemain qui était un dimanche, nous arrivâmes, à six heures du matin, à

(+) les pages suivantes sont mentionnées ici pour ne pas parler ici d'une hypothèse.

1919 : le petit René a onze ans et vit à Smyrne. Il ne fait pas forcément bon vivre en Turquie – alliée de l'Allemagne – pour les Français, qui viennent de gagner la guerre. Ses parents vont donc devoir rentrer en France, « pieds-noirs » bien avant la lettre. Alors qu'ils partent en éclaireurs, René attend l'heure de son propre départ.

René avec sa mère, Eda, à Smyrne.

René, dans la maison de son enfance, quelques mois avant le départ.

# Adieux au Café de France

## Smyrne (Turquie), 1919

C'est la dernière fois. Jamais plus il ne déjeunera le dimanche avec ses parents, au Café de France. Demain, ils prendront le bateau pour la France, le laissant avec Monsieur Albert et Dora. Sans lui, ils commenceront une nouvelle vie dans cette Terre promise dont ils lui parlent depuis si longtemps. Dans quelques mois, il les rejoindra. Qu'est-ce que trois, quatre mois quand on a onze ans ? Une vie. Les caisses chargées des biens qu'ils emportent en France ont été embarquées sur le bateau ce matin même. Quelques tapis, l'argenterie, les vêtements, les livres, la grande encyclopédie Larousse et le dictionnaire en dix volumes, ses biens très précieux. Il s'assied contre sa mère, serré tout contre, comme si c'était la dernière fois, à sentir son parfum de jasmin et de gants de cuir fin. Il a envie de pleurer. Pendant trois mois, peut-être quatre, il vivra presque seul, comme un homme. Elle lui parle doucement. Des années passées au bazar, des années à venir en France. La vie sera belle. L'hiver, il verra la neige. La neige. Il ira au lycée. Il aura des amis. Beaucoup d'amis. C'est la partie la plus obscure de l'aventure. Des amis, il n'en a jamais eu. Son école, c'est ici, entre Maman et Monsieur Albert. C'est un enfant solitaire, grandi entre les tapis et les livres, dans les sons, les odeurs et les couleurs du bazar. Bercé par la voix de son père et le parfum de sa mère, il se fabrique ses souvenirs. Il s'emporte en bagage les dernières images de sa petite vie d'enfant.

C'est un jour de grande eau sur la terrasse. Les femmes montent sur le toit qui surplombe la rue, le bazar, la ville. Dès le matin, elles ont hissé les brosses et les seaux remplis d'eau savonneuse. En bas, les hommes n'ont pas sorti les étalages, en prévision des torrents à venir. Les femmes grimpent les escaliers qui conduisent au toit. Chacune prend son seau, sa brosse, et splatch ! déverse l'eau savonneuse sur sa portion de terrasse. Alors commence son grand jeu, une géographie sans cesse renouvelée. Accroupi, il choisit son territoire et étudie ces mers éphémères qui se déversent dans des fleuves, des rivières, des ruisseaux qui, enfin, dévalent quelques étages plus tard dans la rue du bazar. Il dessine des paysages nautiques, crée des barrages, relie les lacs entre eux, fait des dérivations vers les rigoles. Puis il change de lieu, poussé par une brosse qui chasse des raz de marée savonneux et grisâtres. Lorsque ses territoires aquatiques sont détruits par le travail des nettoyeuses, il étudie l'évaporation de l'eau sur le sol poreux. Dans le coin, là, à gauche, il y a un petit lac qui subsiste, longtemps.

C'est la séparation. Sur le quai, les dents serrées, collé aux jupons de Dora, il regarde ses parents monter l'échelle de coupée, s'approcher du bastingage et agiter la main, puis le mouchoir. La sirène du bateau mugit les adieux, le paquebot s'éloigne. Il reste sur le quai jusqu'à ce que le navire disparaisse au bout de la baie. Il attend. Il attend le jour où il montera à son tour sur le *Ville de Marseille*, le jour où il prendra le train à vapeur pour retrouver, à Paris, sa mère et son père, pour commencer sa nouvelle vie. Il voudrait que ce soit demain. Il voudrait être plus grand, déjà…

Martine

*Smyrne,*
*Bourse du commerce,*
*sur les quais de la douane.*

*Istanbul,*
*rue et fontaine de Sehzade*
*(mosquée des Princes).*

Mars 1931, Tatiana a sept ans, sa sœur Olga en a dix. Leur père, Vladimir Sergueïevitch, a été arrêté en 1929, et leur mère, Natacha, qui ne veut pas quitter Moscou, cherche à protéger ses filles contre la famine qui règne en Russie. Elle les envoie chez leur grand-mère, qui a fui la révolution russe en 1922 et qui vit en France. Tatiana et Olga ne retrouveront leur mère à Moscou qu'en 1962, après trente et un ans de séparation.

*Tatiana, l'année de son départ pour la France.*

*Tatiana, son père et sa sœur aînée, Olga, en 1925.*

# Les enfants de la révolution

## Moscou – Paris, 1931

Lorsque le train, à quai dans la gare des Biélorussie, à Moscou, d'où partent les convois vers les pays de l'Ouest, s'ébranla, voyant que maman restait sur le quai, je réalisai qu'elle nous envoyait seules, ma sœur (dix ans) et moi (sept ans et demi), vers l'inconnu. Alors un sentiment de déchirement m'a envahie, qui s'est exprimé par une crise de sanglots interminable. Nous partions pour un voyage de quatre jours dans l'atmosphère confinée d'un wagon de troisième classe, la classe « dure » comme on dit en russe. À Paris, notre grand-mère paternelle, arrivée en France depuis quelques années, nous accueillit, ma sœur et moi, gare du Nord. J'émergeai doucement d'un mauvais rêve et me laissai conduire passivement du quai au taxi, du taxi à l'appartement d'une amie, où était hébergée ma grand-mère, car elle avait tout perdu en Russie, du fait des réquisitions faites par les communistes. Le peu qu'elle avait emporté avec elle, mal vendu, fut vite dépensé. Nous allions passer quelques semaines à Paris, le temps de déclarer la rougeole et de s'en remettre, et ensuite rejoindre Calais. Pendant ce court séjour dans la capitale, j'ai appris le français, la nouvelle langue qui remplacera ma langue maternelle. Cela me parut tout simple. Bientôt, grand-mère n'eut plus les moyens de payer notre scolarité et nous fûmes placées dans un orphelinat des environs. J'y ai passé huit années dans un monde clos : physiquement car l'établissement était ceint d'un haut mur, percé sur la rue de la porte d'entrée à deux battants, aussi haut et épais que celui d'une prison. Monde clos moralement aussi, et intellectuellement. Nous étions tenues à l'écart des bruits de la ville, des événements mondiaux : j'ai traversé les soulèvements de 1936, les bruits de guerre et sa déclaration, sans saisir leurs tenants et leurs aboutissants, indifférente, sans le vouloir, à ces événements qui allaient bouleverser l'Europe et une partie du monde.

On ne m'en parlait pas. Quand les religieuses enseignantes sont arrivées à Calais, notre responsable de l'orphelinat décida de nous faire faire notre scolarité chez elles. Ma sœur, après son succès au brevet, commença à enseigner et resta définitivement à Calais. Je continuais à habiter à l'orphelinat et faisais seule la route de quatre kilomètres qui me séparait de l'école. Jamais la moindre peur ne m'a effleurée quand il faisait nuit en hiver et que je longeais un espace complètement vide et désert alors, aujourd'hui bordé de maisons confortables. Lorsque la guerre fut déclarée, je rejoignis ma sœur au collège des religieuses pour éviter que les événements ne nous séparent. Je retombais dans une autre sorte de vase clos. Par la force des choses, je vivais toujours en pension, sans moyens financiers. J'ignorais ce qu'est la vie de famille, les relations parents enfants, la célébration d'un anniversaire, les voyages, l'ouverture vers l'étranger. Les liens avec ma mère, restée à Moscou, se bornaient à quelques échanges de lettres tout à fait anodines, à cause de la censure. Au téléphone, quand il fallait attendre trente à soixante minutes pour obtenir la communication, les conversations se bornaient au strict minimum. L'été, je voyais ma grand-mère qui venait de Paris chez la sœur de sa logeuse, que nous appelions tante Madeleine.

Tatiana

*À droite : lettre de Natacha à sa fille Tatiana, en 1973.*

ПОЧТОВАЯ КАРТОЧКА
POŠTA CARTO

Moscou, le

Ma chère Tasioucha, je te félicite d'avoir reçu ton
ler certificat d'études et bien subi ton examen. Baby
m'a écrit qu'elle trouve que tu as une jolie voix, qu'on
doit travailler et qu'elle t'a envoyé quelque exercices,
que tu dois chanter à demi-voix. Développe ta voix
absolument, car il ne faut jamais négliger ses
talents.
Je me porte bien. Nous avons encore un très
beau temps, seulement les matins il fait déjà
froid. Comment a tu passé tes vacances et les
as tu passées? Je t'embrasse bien, bien fort
sur les deux joues. #.

Le 11/1-73

Petite Souris chérie!
Où es-tu, que fais-tu? Je n'en sais rien.
Bernard m'a téléphoné avec Nicole en me
donnant de tes nouvelles. A vrai dire
Je me demande si tu es restée contente
de ton séjour avec moi ou non? Etais-tu
fatiguée? Tu étais mignonne et je te remercie
pour tout ce que tu as fait pour moi.
Ces quelques jours m'ont donné beaucoup de joie
rien qu'à entendre ta voix et voir ta figure de
petite Souris. Comment va ta santé et les livres?
As-tu déjà visité tout ton monde? J'ai honte
de poser trop de questions, une fois que je
n'ai rien envoyé. Ta chapka doit avoir eu
grand succès! Elle te va bien.
Chez nous règne une épidémie de grippe
formidable avec cas de mort, Youra l'a déjà eue,
avec une fièvre de presque 40°.
Moscou est blanche de neige et il fait 10° de froid.
Cela a commencé le lendemain de ton départ.
Jeanne est venue avec Mifo, c'est elle qui m'a
offert ce papier. Mifo est venue me voir deux
fois, nous avons beaucoup et bien causé. Elles sont
très différentes l'une de l'autre, mais charmantes toutes
les deux.
Mon travail pour l'Institut a commencé. La traduction
est du Français (Télévision) facile et agréable.
Souris écris-moi quelques mots sur ta santé, ton pass-time
et je te conjure de ne pas trop te fatiguer. La meilleure des
places pour se reposer, est sans doute la famille Laude.
Profite chérie pour les week-end: tu te fatigues je trouve
avec ces changements de places, voiture etc. Tu es encore
une toute jeune petite Souris, il te faut se reposer.
On a trouvé que tu es jolie, et bien. Louba et sa famille
t'envoient leur amour et amitié. Quel dommage qu'on ne
puisse pas se voir plus souvent! La vie aurait
été tout autre.
Je t'embrasse bien, bien fort de tout cœur
et j'attends de tes nouvelles. Il y a-t-il
quelque chose pour moi, dans le plan des photos?
Maman qui t'aime
et pense à toi.

Dans les années 1930, de grandes famines ravagent l'Ukraine. À vingt-trois ans, Parania reste la seule personne de la famille assez vaillante pour entreprendre le long voyage vers la France. Comme la plupart des Ukrainiens, elle pense s'installer très provisoirement dans le pays des droits de l'homme et envoie chaque mois des mandats dans son pays. Mais la guerre survient qui lui interdit toute possibilité de retour.

Parania en 1935, à Amiens.

# Les grandes famines

## Ukraine – France, 1932

Ukraine, 1932. Parania serre très fort entre ses mains son trésor. Le père Pavlyk a tenu parole. Solide et courageuse, elle a été engagée par le prêtre pour s'occuper du bétail. Choisie parmi les jeunes du village, elle a fait des envieux. Dix-huit dollars.

Partir. Elle ne rêve pas, Parania. Pas le temps de rêver. Elle est l'aînée à la maison. La guerre, l'exode en Moravie et la mort du père, c'est lourd. Parania ne veut plus que la famille pleure. Alors, elle écoute les rumeurs villageoises. L'argent, la France, le travail. Seule dans les champs, elle revit souvent l'année 1919, la faim, le typhus qui ronge et qui tue. Le père mort. Tous les enfants allongés autour de la mère. Brûlants de fièvre dans une maison glacée. Affamés. Parania a dix ans. Elle est la seule encore vaillante. Elle ne veut plus choisir la vie au milieu des morts. Partir pour donner à vivre. Son rêve est ici. Là-bas, bien loin, c'est du travail et des sous. Elle veut du bétail pour nourrir frères et sœurs, du matériel pour récolter les richesses de la terre d'Ukraine et de l'argent pour que la petite sœur Anna puisse aller à l'école.

Elle a choisi, Parania : être avec les siens. Vivre avec les siens. Partir pour vivre ici. Tékla, la maman, l'a écoutée. Elle l'a regardée puis l'a embrassée en la bénissant. Elle a maintenant vingt-trois ans. La décision est prise. Le matin, très tôt, le grand frère Semko, déjà marié, déjà parti, est venu. Il a attelé le cheval Yatsko. Tous les enfants se sont serrés autour de la mère. On a chanté et pleuré. À la gare, le train fumant est arrivé. Ils étaient plusieurs à attendre pour partir, foulards multicolores, grands sacs de toile et peur au ventre. Installés, assis, ils se sont regardés. Alors, ils se sont mis à parler, à raconter sans s'écouter, pour oublier et se rassurer.

Jusqu'à Paris, tout s'est bien passé. À Cracovie, des jeunes Polonais, en route pour la France, s'étaient également installés dans le train. On a partagé le pain et chanté en polonais. Sept jours de voyage, c'est long. Alors, chacun raconte sa jeune vie, chacun parle de la France qui se rapproche. On a mis en commun tout ce que l'on avait dans la tête et la France apparaît. C'est un endroit où l'on travaille et où l'on gagne de l'argent que l'on pourra envoyer à sa famille. Quand on aura terminé, on achètera des vaches et des terres et puis, on le pense chaque jour, on rentrera au village.

Arrivée dans la grande gare de Paris, Parania est assommée par le voyage et par ce qu'elle découvre. Longtemps, elle garde les yeux tout grands ouverts légèrement levés. Elle n'a jamais imaginé un aussi grand bâtiment. Elle est perdue au milieu du bruit et de tous ces gens qui s'agitent. Ça sent la poussière et les cendres. Une amie la conduit vers la gare du Nord. Elle tient serré très fort dans sa main un papier où est griffonné « Amiens », c'est là qu'on l'attend. Maintenant, elle est seule. Il va falloir… Qu'est ce qu'il faudra faire quand le train s'arrêtera ? Parania a peur.

Presque tous les voyageurs sont descendus. Parania les a suivis. Devant la gare, elle a vu une grande ville. Puis elle a attendu, car c'est ce qu'on lui a dit de faire. Elle a attendu longtemps. Elle a pleuré parce qu'elle était désemparée et aussi parce que c'est la seule façon de communiquer quand les mots sont inutiles.

Le patron est enfin venu. Parania n'était jamais montée dans une automobile. Elle regarde la ville qui s'éloigne très vite. Alors la campagne apparaît. Elle est bien verte, bien riche, et les vaches sont nombreuses. Parania sourit maintenant. Ce petit bout de Picardie normande lui convient tout à fait. Elle est arrivée. La ferme est entourée de boqueteaux, de prés et de mares. Cela ressemble à ce qu'elle connaît.

On lui a donné une chambre avec un lit et deux meubles. Dès demain matin, elle va s'occuper des vaches et des cochons. Sans comprendre les mots, elle sait tout, Parania. Les vaches, c'est son métier, c'est ce qu'elle aime. Souvent, elle parle en ukrainien pour demander ou pour interpeller mais très vite elle abandonne. C'est trop difficile.

Jean-Bernard

Association ukrainienne en France
section à Attigny
Dimanche soir
16 mai 1937
à 20 heures
dans la salle
café-restaurant des Deux Gares
BAL UKRAINIEN de NUIT
Partipation au frais: Hommes – 3 frs.
Dammes – 1 frs.
Conseil

Espagne 1936 : le Frente Popular remporte les élections, sa victoire provoque une rébellion militaire. L'armée se lance dans une sanglante « croisade » engagée par le général Franco. Le père de Thérèse, Felix Moreno, est parti à Aubervilliers deux ans plus tôt pour trouver du travail. La petite fille vit seule avec sa mère et sa grand-mère, près de la frontière portugaise. Bientôt ce sera la fuite pour échapper aux massacres de la guerre civile.

*Thérèse et son frère Lucien dans les bras de leur mère, Dionisa, en 1934.*

# Fuir la guerre

## Valdelacasa del Tajo (Espagne), 1936

La nuit arrive, nous partons, nous fuyons le village où les franquistes emprisonnent, fusillent, torturent. Ma grand-mère, mes tantes, des voisins savent qu'il faut atteindre les lignes républicaines, le salut. Nous marchons dans les labours; chaque sillon me demande un effort. Je vais perdre une chaussure? Non, une main énergique m'entraîne… J'ai peur, j'ai toujours peur. « Mais bientôt, tu verras ton père ! » Il fait sombre, croyez-vous? Non, pas tout à fait. Nous marchons, ombres noires qui s'allongent sur la terre labourée. C'est sûr, on va nous voir. Je ne sens plus mes jambes, ni mes pieds, je ne sens que ma peur qui va m'étouffer. Quand soudain, un bruit d'ailes surgit d'on ne sait où… Un mouvement rapide et lourd devant moi. Cette fois-ci, nous serons découverts. Mon Dieu, que c'est bruyant un battement d'ailes dans le silence de la nuit. J'ai peur… Et puis un léger rire et une voix rassurante : « Chut, ce n'est qu'une perdrix. » Nous marchons. Il fait froid. J'ai mal partout… Ne pas pleurer. Ne pas se plaindre. Marcher simplement car bientôt nous serons chez les républicains. En attendant, les enfants, eux, n'en peuvent plus, certains commencent à gémir, quand se présente dans cette plaine sombre la silhouette d'une cabane de berger. Halte prévue… Une fuite ne s'improvise pas. Je me couche dans la paille, comme les autres enfants, épuisée. Je sens l'odeur de la paille un peu moisie et aussi l'odeur d'une fumée âcre qui râcle la gorge et irrite les yeux, car les femmes ont fait du feu. « Les enfants ne tiendront pas si on ne les réchauffe pas. » Il paraît que j'ai dormi. Comment peut-on dormir quand on a si peur?

De nouveau, c'est le départ dans le matin froid. Après la fumée de la nuit qui fait si mal à la gorge, j'aspire avec avidité, presque avec plaisir l'odeur de la terre qui ose sentir bon la terre. Une brume légère se lève lentement… Devant mes yeux s'étend une plaine immense, sans un arbre, sans un rocher. Avec le petit matin, l'aube grise a réveillé les frayeurs des adultes. « Il faut faire vite, car cette fois-ci, on est visibles. » J'ai peur: d'où va venir le coup de fusil? On peut nous voir de partout. Ça se voit de partout un groupe de dix à douze personnes. Tout à coup, loin, loin, là-bas, à l'horizon, se dessine une minuscule silhouette, à peine un point. Il faut avancer. Comment ne pas avoir peur ? puisque vous aussi, les femmes, vous avez peur. Je vous entends : « Si c'est un berger… si c'est un soldat républicain… oui mais si c'est un fasciste… » La silhouette s'est rapprochée. Ma grand-mère dit : « Il a un fusil. » Tout à coup, une femme lance d'une voix joyeuse : « C'est un des nôtres », et tous, nous nous précipitons vers le soldat, nous courons. Il nous regarde, ébahi, incrédule : « *Desde Valdelacasa del Tajo? Con los niños?* » Puis, ému, il embrasse ma grand-mère. Nous nous

*Antonio, Miguel et Julian, les oncles de Thérèse, en 1939, pendant la guerre d'Espagne.*

jetons dans ses bras… Je suis dans une espèce de torpeur, tout est brouillé, comme cotonneux, sans couleur. Je ne vois rien, je n'entends rien, je ne sens rien. C'est le vide, une plage vide en moi comme si la peur avait tout balayé, tout emporté avec elle, avait fait place nette en moi. Puis tout y rentre à la fois : les soldats joyeux, les rires, les exclamations, les tintements de gamelles, les feux qui pétillent à l'air libre et des conversations qui fusent de toutes parts et s'entrecroisent. Tout à coup, j'ai faim, j'avais oublié que j'avais faim. Un soldat me tend une écuelle avec des *migas* : « *Corne, niña, corne !* » Je mange, il me regarde, ses yeux rient, je mange. Il me regarde, tout heureux, un peu attendri… et ses lèvres tremblent un peu. Tout à coup, il me demande : « *Qué es tu padre ?* » Alors, je brandis mon poing bien serré et d'une voix claire, triomphante, je crie en lui souriant : « *Republicano !* » Alors, il me saisit, me lance en l'air, une fois, me rattrape, me lance de nouveau et je ris de joie et nos regards se rencontrent, grand-mère, et je crois bien que tes yeux rient aussi… enfin !

THÉRÈSE

*Un républicain espagnol immortalisé par Robert Capa.*

*Réfugiés fuyant la guerre civile, en 1936.*

# Une vie sans horizon

Il est de bon ton de ne s'arracher de son lieu d'origine qu'avec larmes et tremblements. *Adieu Venise provençale*... ou *J'irai revoir ma Normandie* sont des chants d'exil. Nostalgie, tristesse, envie de retourner au pays sont peut-être le seul discours que ceux qui partent ou sont partis peuvent tenir car c'est le seul qui sera reçu. Sinon il faudrait aller contre trop d'idées toutes faites.

Qu'en est-il au fond ? Pourquoi exactement est-on parti ?

D'abord il y a la très grande misère. On imagine à tort la France rurale du XIX<sup>e</sup> siècle et de la première moitié du XX<sup>e</sup> siècle comme une mosaïque de petits, moyens et grands propriétaires. On oublie la foule des ouvriers agricoles, filles et garçons, des journaliers, des petits métiers temporaires, les familles nombreuses. Une carte postale des Pyrénées, éditée avant 1914, montre les premiers « touristes verts », riches, bien sûr, superbement chaussés et vêtus, et, près d'eux, ceux que la légende appelle des « *chuca-micas* », des enfants loqueteux, pieds-nus, qui mendient : les suce-miettes. Ceux qui ne tendent pas la main car les parents sont trop dignes. Ils sont loués pour tout l'été ; un été qui commence en mai et s'achève après Toussaint. Ils ne gagnent pas d'argent mais c'est une bouche de moins à nourrir. Suivant leur âge, ils binent le jardin, font de petits savonnages, s'occupent d'un bébé, servent de chien au berger, accompagnent les buronniers sur l'Aubrac. Et puis il y a la foule des servantes de ferme, d'auberge, de café, de maison, les laveuses de lessive, les trayeuses de brebis, les bineuses de pommes de terre, les hommes à la journée, les cureurs de fossés, les charcutières de porc, aides-cuisinières... La liste est longue. Quelle rude vie, sans horizon. Même après 1918 et jusque dans les années 1950, certains plats, sur la grande table de ferme, n'arrivent pas jusqu'aux domestiques. Dans les années 1960, j'ai connu des ouvriers agricoles qui dormaient dans des galetas et n'avaient pour se laver que le robinet du jardin. À peine leur adressait-on la parole. La condition d'ouvrier – ou ouvrière – agricole a été la dernière à obtenir quelques droits malgré les lois sociales. Beaucoup de travail, le moins possible de nourriture, et le droit de se taire... De l'argent donné parcimonieusement. Le sort des filles était particulièrement douloureux. Que de filles et de femmes forcées, engrossées, méprisées de tous ! MARIE

# L'abandon de la ferme d'Olivet

*L'arrivée du camion de déménagement*

*La ferme d'Olivet*

*Démontage avant chargement*

*Les bêtes partent en premier*

*Le chargement des tonneaux*

*L'arche de Noé*

*Le tri des meubles*

*La grange vide*

*Les voisins prêtent main forte*

*Déménagement du cellier*

*Le grand bazar*

*Le matelas de crin*

*Dernier jeu de cerceau*

*La bétaillère*

*Le débarrassage*

*L'adieu au curé*

*Fixation du chargement*

*Dernier regard à la ferme*

*Le décrassage*

*Le dernier repas*

*Le curé s'attarde*

*L'adieu aux copains de l'école*

*Le camion s'embourbe*

*Pas facile d'être la fille d'un ancien aviateur au chômage et d'une religieuse défroquée... Quand le couple de leurs parents explose en 1956, Édith ses deux frères, Christian et Hervé, et sa sœur, Aline, vont devenir les enfants de la séparation et leur déracinement les conduira en pays flamand, puis dans les murs d'un orphelinat noyé dans les brumes de Loos.*

*Aline, la sœur d'Édith, avec le chien Rase-Mottes.*

# L'arrache-cœur

## Narbonne, 1956

*En promenade à Narbonne*

Déjà mes yeux se brouillent… Ma mère a posé une assiette de haricots verts en salade devant moi en sifflant : « Et dépêche-toi, maintenant ! » J'ai regardé mon père. Il était saoul, comme d'habitude à cette heure ; son maillot de corps, taché au cou et sous les bras, sentait fort. Il se tenait d'une main, celle de la chevalière, à la table. Elle tremblait. La chienne, Rase-Mottes, se pressait contre ma jambe, mais je n'avais pas de jambon à lui refiler en douce. « Elle ira mourir sur ma tombe », se plaisait-il à répéter, sachant fort bien que j'en mourrais aussi. J'ai fait l'effort d'avaler, c'était tiède et gluant. L'homme du taxi entrait et sortait. Il jetait des valises sur le toit de la voiture et les sanglait. J'entendais la voix irritée de ma mère, j'entendis qu'elle parlait de l'heure du train. Du coup, j'ai vomi les haricots verts en salade par terre. « Foutez le camp. Je nettoierai. » Il avait la voix « pâteuse ». J'aimais bien ce mot qui servait à ma mère pour diagnostiquer son état : un mot de boulanger qui a un peu raté sa fournée et ses fougasses à l'anis. Ce n'est rien, ça sent bon quand même dans la rue Cabirol.

À genoux à l'arrière de la voiture, agrippée au dossier de cuir jaune tout griffé, je voyais par le hublot en mica terni la rue Racine cahoter. Dans la poussière dorée, il y avait notre chienne Rase-Mottes qui avait entamé une course folle pour nous rattraper. Déjà, un peu avant, elle avait mordillé mon père au mollet. Il s'était dégagé en l'envoyant rouler dans le caniveau, vociférant des injures de joueur de pétanque malchanceux : « Bougre de sale pétasse, vaï ! » et pire encore. Je ne pouvais pas voir le petit cœur blanc qui illuminait son poil noir et avait permis deux fois de l'authentifier pour la faire sortir de la fourrière en échange de tous les sous des quatre tirelires, mais je savais qu'il cognait dangereusement à chaque aboiement et je la suppliais d'arrêter de faire la course. C'était perdu d'avance ! Juste avant que le taxi ne vire à droite pour prendre la rue de Turenne qui grimpait jusqu'à la route de Perpignan longée de vignes, de platanes à l'ombre desquels on avait une fois, Christian et moi, attendu le Tour de France, sûrs de reconnaître Bobet, Copi ou Robic, oui, juste avant le joli rosier blanc du coin, j'eus le temps de voir pour toujours mon père, hilare, tituber sur le bord du trottoir. Il a fallu une nuit de train pour atteindre Paris. ÉDITH

RÉPUBLIQUE FRANÇAISE

MINISTÈRE DE L'AIR

DIRECTION ~~GÉNÉRALE~~ DES FORCES AÉRIENNES de TERRE

**BREVET MILITAIRE DE PILOTE D'AVION**

Le Ministre de l'Air,
Vu le Décret du 19 Février 1925,
Vu l'Arrêté du 23 Décembre 1925,
Décerne le Brevet Militaire de
Pilote d'Avion,
au boursier Vérant Henri
à la date du 8 SEPT 193[illegible]

Fait à Paris, le 26 SEPT [illegible]

Pour le Ministre et par son Ordre
Le Colonel
Directeur des Forces Aériennes de Terre

N° 23801

L'avion de Papa

…r d'école avec Christian

La famille au complet

En tenue d'aviateur

*Maurice a grandi avec sa sœur, Thérèse, en Algérie. Ses grands-parents étaient des Andalous très pauvres qui ont quitté l'Espagne. Son père, Antoine, est devenu gendarme après avoir été apprenti charron. Quelques mois après leur départ d'Alger en 1962, les parents de Maurice seront fauchés par le cancer, laissant seuls au monde un adolescent de quinze ans et une jeune fille de dix-huit ans.*

*Maurice, à onze ans, à Alger.*

# Le chardonneret

## Alger, 1962

Nous embarquâmes donc à Alger, sans espoir de retour. Depuis des mois, les plus folles rumeurs couraient dans les cours de caserne et de récréation. Les armureries étaient dévalisées, les couteaux affûtés. On ne s'endormait qu'après avoir vérifié plusieurs fois les verrous, la nuit le moindre chat faisait sursauter. La raison et le sens de l'Histoire commandaient de partir, mais le cœur s'y refusait. On attendit la fin de l'année scolaire dans l'espoir d'une mutation et de la revente de nos pauvres meubles encombrants.

J'avais douze ans. La France était pour moi une carte de géographie suspendue au mur de la classe. On nous disait la douceur de son climat, le charme de ses crépuscules qui n'en finissaient pas de finir. Un malaise s'était installé entre mon copain Bekretaoui et moi : savait-il ? Que ferait-il ? On étudiait, on s'amusait ensemble, mais on ne riait plus. Il s'assombrit davantage quand je lui dis que je partirais en juillet mais n'eut pas un mot pour me retenir.

La mutation arriva. Je fis mes adieux à mes cousins – ah, toutes nos galopades à cru sur des ânes vers les oueds rafraîchissants !–, à mon maître auquel j'offris ma rose des sables, à mon copain arabe : nous avions tous deux les yeux mouillés mais, comme on le dit, les garçons ne pleurent pas.

Mes parents me demandèrent ce que je souhaitais emporter, je répondis que c'était le chardonneret dans sa cage. Ils acceptèrent. Quand le bateau quitta le port, seuls mes parents et ma sœur regardaient en arrière. La mer était violette, les dauphins nous accompagnaient, j'avais la cage à la main et la vie devant moi. À l'arrivée, Port-Vendres me parut minuscule. En haut d'une colline, un cheval tirait encore une charrue entre deux rangées de vigne. La descente du bateau fut mouvementée ; on se retrouva enfin sur le quai, un peu perdus au milieu des valises. C'est alors que je découvris que mon chardonneret était mort. J'éclatai en sanglots.

Il fallut prendre le train à vapeur, en changer, pour arriver en fin d'après-midi dans le Lot. Nous étions fatigués, silencieux. Il n'était pas d'usage de se plaindre dans notre famille. À la sortie de la gare, nous demandâmes notre chemin à d'autres voyageurs qui avaient des enfants de notre âge. Ils arrivaient eux aussi, mais de moins loin, ne connaissaient pas les lieux et nous nous rendîmes ensemble dans le centre-ville. Une dernière déception nous attendait : le logement réservé ne serait disponible que dans quelques semaines, nous devions vivre jusque-là dans deux chambres d'auberge. Elles sentaient terriblement la vache car il y avait une étable juste au-dessous. Nous mangeâmes enfin. On nous servit une soupe rustique qui cuisait dans la grande cheminée. Je regagnai ma chambre, me déshabillai. C'était ma première journée de petit Français de France. Je me couchai avec un ultime regard sur la cage vide. Mon enfance s'était envolée.

MAURICE

1961. Isidore, le père de Lucette, est forgeron; il est né en Algérie et descend d'une famille de pêcheurs italiens originaires de l'ile d'Iscia, près de Naples. Sa mère, Suzanne, travaille comme ouvreuse au cinéma ABC pour arrondir ses fins de mois et gagner un peu d'indépendance. Les événements de 1962 vont à la fois chasser la famille Cuomo vers la France et faire voler le couple en éclats.

*Lucette lors d'une baignade à Philippeville, en Algérie, vers 1956.*

# L'échappée belle

## Alger, 1961

Tu vois, je peux te le dire maintenant, c'est peut-être bien de t'avoir quitté avant d'être tout à fait grande. Je me suis dit souvent que je l'avais échappé belle, que j'aurais fini par partager des sentiments abjects que mon attachement à toi n'aurait pu en aucun cas excuser. Je me dis même que mon père – humaniste sans le savoir et minoritaire, conscient de l'être – n'aurait peut-être pas pu m'empêcher de mal tourner.
Au lieu de cela, plus tard en France, c'est son amour indéfectible pour toi qui m'a nourrie de l'intérieur, qui m'a fait comprendre que j'étais et de là-bas et d'ici. J'ai l'impression d'avoir stocké des images et des mots qui ont trouvé leur sens plus tard.
Tous ces mendiants, la plupart infirmes, qui tendaient la main sous les arcades. J'étais à la fois horrifiée et fascinée, ils étaient si miséreux. Ils représentaient de toute évidence les contradictions et les abcès de cette société coloniale en cours d'explosion. Car tous étaient Algériens, nul pied-noir ne mendiait, bien sûr. Seules quelques gueules cassées vendaient de temps à autre des billets de tombola au profit des malheureux qui partageaient leur sort d'ancien combattant ; mais on ne pouvait les confondre avec les précédents !
Aujourd'hui, derrière les SDF et autres exclus qui mendient, je revois les borgnes, les manchots, les difformes, les hommes troncs, cette cour des Miracles devant laquelle tout le monde passait dans une totale indifférence. Mais que m'enseignait-on à l'époque ? Que nous étions tous frères, qu'il fallait aimer son prochain comme soi-même ? Quel abîme entre le dire et le faire !
J'avais aussi une perception, tout à la fois confuse et aiguë, du racisme ambiant. Eh oui, cher pays de mon enfance, durant cette guerre restée sans nom si longtemps, durant ces « événements » que la petite fille que j'étais traversait légèrement, les tensions étaient palpables mais aussi les arrière-pensées, la haine ordinaire. Que de propos directs ou sibyllins qui désignaient tantôt le « melon » tantôt le « youpin » : oui, tout ça, je l'ai entendu, plus ou moins fort, mais je l'ai entendu.

Lucette

A627
A610

Blanche et sa sœur jumelle sont nées en 1957 dans la Yougoslavie de Tito. Leurs parents souhaitent quitter leur pays pour trouver une vie meilleure. Alors qu'elles n'ont pas encore dix ans, ils rejoignent tous les quatre le port de Rijeka, à destination de Nice...

*Le père de Blanche sur le bateau en partance pour Nice.*

*Blanche à neuf ans à Rijeka.*

# De la Serbie à Nice

## Rijeka (Yougoslavie), 1966

Rijeka : rue Anne-Butorka. La ruelle part du Corzo, la rue principale, puis après quelques mètres débouche sur la mer. À toute heure de la journée, on peut y voir accoster d'énormes bateaux blancs, provenant de tous les grands ports de la Méditerranée et de la mer Noire, Gênes, Alexandrie ou Odessa. Nous habitons au numéro 8, un petit immeuble décrépit qui sent la poussière.

Au premier habite mon meilleur ami, mon premier amour et mon esclave, le tout à la fois. Ma sœur ne l'aime pas ; elle dit qu'il a les dents grises. Tant mieux ; ainsi, il est à moi. Cela a l'air de lui convenir car du matin au soir, ensemble, nous parcourons la vieille ville et le port. Nous menons la guerre contre « le fascisme et l'oppression du peuple », comme nous l'enseignent les affiches à l'école.

Au second cohabitent Brigitte Bardot et Claudia Cardinale, c'est-à-dire pour l'état civil les sœurs Danitza et Yagoda Frgacie. Danitza a vingt ans. Elle est blonde et elle fume… Elle a des amis en Italie qui lui envoient des revues de cinéma, alors elle se met du vernis à ongles et se fait un chignon pour ressembler à Brigitte Bardot. D'ailleurs il paraît qu'elle fréquente les bars des grands hôtels du bord de mer et exige qu'on l'appelle Bzrigit. Sa sœur, Yagoda, est brune et n'a que seize ans. Elle n'a pas d'amis en Italie ; elle ressemble vraiment à Claudia Cardinale et elle s'en fiche complètement. Elle se balade nonchalamment en short et marinière ; c'est plus pratique pour aller se baigner.

Nous quatre vivons au dernier étage, sous les toits, dans deux grandes pièces mansardées. Mon père est menuisier ébéniste dans une entreprise d'État autogérée. L'autogestion, c'est sympa ; quand nous passons le soir à son travail, il y a toujours des ouvriers qui font la fête ou se reposent autour d'une grande table dans la poussière des ateliers. L'autogestion a une odeur de bois et de bière.

Mon père, c'est notre dieu à la maison. Un jour où il était sorti en oubliant la clef à l'intérieur de l'appartement, il s'est fait déposer sur le toit de l'immeuble par la grue du chantier voisin, sous les applaudissements de tous les gamins du quartier : cela m'a valu une popularité immédiate et durable. Mon père, c'est notre magicien. Quand nous sommes couchées dans l'obscurité, il dessine dans l'air des figures avec l'incandescence de sa cigarette. Le monde nous paraît plein de mystère et de poésie.

Mes parents aiment sortir. Le soir, une fois par semaine, nous nous rendons en procession place de la Révolution assister à la projection d'un film tchèque ou italien, en noir et blanc. Toutes les familles du quartier sont là, des grands-mères aux nourrissons, avec coussins et chaises pliantes et surtout avec des paniers de victuailles pour l'énorme pique-nique nocturne à suivre. Et tous rêvent d'Italie…

Mes parents aussi ont les yeux tournés vers Trieste. Ils veulent partir. Au Canada, peut-être, ou en Australie, puis en France, depuis qu'ils ont reçu une carte postale représentant la promenade des Anglais avec le Negresco au premier plan. La France paraît riche, élégante ; tout y est plus brillant, plus lumineux.

Alors nous partons. Nos parents ont longuement préparé le voyage ; il faut être digne de ce nouveau pays des merveilles. Hier, ma mère a sorti de leurs housses les deux robes en tulle rose, celles avec des jupons, des grands cols et l'énorme ruban dans le dos. Ce sont des robes de la Croix-Rouge. Elles viennent d'Amérique et y ont été très à la mode il y a dix ans. Nous, tout ce qu'on voit, c'est qu'on peut enfin les porter.

Nous sommes à la gare de Nice-Ville, le 8 juillet 1966. Train de 21 h 30 en provenance de Rijeka, Yougoslavie, correspondance par Trieste et Milan. Sur le trottoir, mon père, ma mère, ma sœur jumelle et moi. J'ai neuf ans, je ne parle pas un mot de français, je ne connais personne ; et je ne comprends pas pourquoi les passants nous dévisagent… Je ne comprends pas pourquoi, ce soir de juillet, rue Thiers, tous les passants négligemment habillés de shorts nous regardent avec cet air moqueur…

BLANCHE

Radojka et moi en 1964

Papa

Sur le port avant notre départ

Les parents à Rijeka

# Ce fut un long voyage…

On m'a arraché de là, fait mes paquets pour me traîner vers l'enfer, tout gamin, comme un fantôme. J'avançais, noué, blême, impuissant, et je suppose que presque personne ne voulait s'apercevoir qu'en définitive il s'agissait tout de même de moi qu'on emmenait, qui comprenais déjà qu'arrivait la fin du monde… Ce fut un voyage très long en tout point, le temps, l'espace et les lointains tout autour qui ne ressemblaient à rien de connu… Un train merdique, pas rapide du tout, et qui donnait l'impression qu'il allait dérailler à chaque instant. Ça sifflait dans les gares, à vomir, avec de la fumée et des escarbilles qui gerbaient de partout dans la nuit. Je pelais de froid, et me rappelais les édredons bourrés de léger duvet, tant et tellement qu'il avait fallu exterminer des générations entières de belles volailles pour réussir à les confectionner… Je n'y croyais pas trop à ce voyage. J'y voyais un genre de rêve un peu monstrueux…

JEAN-PIERRE

J'ai pris ce long train encombré d'hommes et de femmes aux visages pensifs. Un train dont le bruit produisait une rythmique monotone. Il traversait les champs à la vitesse d'un cheval malade. Cette longue chenille métallique devait m'amener vers ma Terre promise, Là où je devais construire à nouveau tous ces châteaux de sables que les vagues de l'ennui allaient balayer.
Le train s'enfonçait dans ce décor infini. À chaque étape de mon voyage, je voyais de nouvelles couleurs, je sentais des odeurs différentes. Je me rendais compte que ces couleurs et ces odeurs, je n'ai jamais pris la peine de les apprécier. Maintenant ma mémoire s'empresse de les identifier de peur de les oublier.
La brise de l'Atlantique m'accompagnait le long de ce périple, me donnant l'impression que les rails passaient au beau milieu de l'océan.
C'était un matin ensoleillé du mois d'août, j'avais le sac à moitié vide, la tête pleine de souvenirs d'un passé présent qui me manquait déjà. Une avalanche de questions se bousculait dans ma tête, sans une seule réponse. Est-ce un voyage sans retour ? Est-ce le bon moment ? La bonne décision ?

KHALID

Le bateau est immense, encore plus haut que nos montagnes du Djurjura. Sur le pont, gesticule une foule harassée et silencieuse. Marée humaine qui menace de m'engloutir, faune voyageuse des secondes classes, communauté d'hommes, de femmes et d'enfants entassés dans le même rêve fébrile d'un avenir meilleur. La même solitude aussi, aperçue au croisement des regards lourds de fatigue et d'espoir. Princes et mendiants tout à la fois, riches de leur seule dignité, tous veulent rejoindre, dans un même élan fraternel, l'improbable Terre promise. Mais quelle Terre promise, quel ailleurs lointain, pourrait jamais couvrir la distance de leur mémoire? Le ricanement incessant des mouettes, jusqu'à l'éclat arrogant du soleil, me paraissent indécents, irrespectueux de ma peur, que je vomis par-dessus bord. Figée sur le quai, ma grand-mère, drapée dans son haïk blanc, et déjà tout auréolée d'absence, nous crie : « Allez en paix, mes enfants, allez en paix ! » Les mouettes tournent audessus d'elle comme des derviches tourneurs, exécutant un ballet d'adieu. Je fixe longtemps sa frêle silhouette jusqu'à ce que, au loin, minuscule point, la tache blanche de son haïk se confonde à celle des mouettes qui accompagnent le bateau et ses occupants de leurs youyous stridents. On promet d'écrire, on promet de revenir ici bientôt, mais on n'écrit pas, c'est-à-dire on n'écrit pas l'essentiel, et on ne revient pas, avant longtemps.

OUIZA

À nos pieds nos valises attendent, bourrées à craquer de tous nos vêtements. Nous partons pour une durée indéterminée. Nos billets sont un aller simple.

Plus l'heure du départ approche, plus le train se remplit de gens qui crient, se heurtent, se disputent, se concentrent dans les compartiments, les couloirs, les toilettes. Partout il y a du monde ! Tous mes sens sont en alerte. Mes yeux s'ouvrent, contraints et forcés, et je vois autour de moi des adultes, des enfants, des vieux, des centaines de personnes, toutes mues par la même inquiétude et par le même espoir. Ce que je vois est tellement coloré que j'ai l'impression qu'un magicien a jeté sur nous tout un nuancier de peinture, mais sans chercher harmonie ni beauté. Le tableau est brut, voire brutal. Du rouge, du vert, du jaune, du bleu et du noir. Beaucoup de noir. Surtout les femmes. En noir de la tête aux pieds.

Dans ce train, des odeurs fortes de nourriture me provoquent une espèce d'ivresse nauséeuse : ça sent la morue salée, la viande de porc frite, l'ail et l'oignon, le vin et l'huile d'olive, bien forte, et, surtout, ça sent la transpiration et les pieds ! Il fait chaud ce 6 août. À l'aube déjà je transpirais, et maintenant c'est pire. La chaleur épaissit les odeurs, les rend palpables, presque visibles. Des heures et des centaines de kilomètres plus tard. Je deviens insensible aux odeurs, aux parfums et aux bruits. Je suis odeur, parfum et bruit. Dans le compartiment, assis sur les sièges, tout le monde essaye de dormir. Dans les couloirs, près des toilettes, entre les wagons, partout il y a des gens qui tentent désespérément de caler un peu le dos, les jambes, la tête, contre une paroi, une valise, une personne inconnue.

Je me sens sale. Mon joli pantalon jaune tout neuf a perdu son éclat. Je n'aime pas sentir mauvais. Dans ce « train à volaille », accéder aux toilettes est un vrai parcours du combattant. De toute manière il n'y a même plus d'eau au robinet du lavabo. Dans cette puanteur nous sommes tous égaux. Le 7 août 1971, nous arrivons à Paris, gare d'Austerlitz.

Pour sortir de ce train c'est encore pire que pour y entrer. Tout le monde court, poussé par une urgence frénétique de quitter ces cages. Sur le quai, je regarde, ébahie : le boyau géant accouche par toutes ses fenêtres ! D'elles sortent indistinctement des nourrissons, des enfants, des bagages, des grandes carafes d'huile d'olive et de vin, des sacs de patates et des sacs informes. Toutes ces délivrances se font dans des cris de joie, de colère, de peur, de tristesse et de débrouille. Tout le monde est pressé d'en finir. Et sur le quai, les étreintes se font dans la joie, la bonne humeur. Les retrouvailles ! Le bonheur de retrouver un père, un frère, une sœur, un ami, qui est là et qui tend la main et le cœur dans un accueil qui n'en finit pas de se raconter, de se toucher et de se pleurer de joie.

Je regarde les visages et je me reconnais en chacun d'eux. Je sens au fond de moi ce que je lis sur chaque visage : plus jamais on ne sera comme avant. Une page importante de nos vies se joue là, sur ce quai, dans ce train qui accouche d'existences à transformer et de rêves à vivre autrement. Nous renaissons tous à une autre histoire. J'ai fêté mes treize ans en mai. Je sais que ma vie prend ici, sur le quai de la gare d'Austerlitz, un départ vers une destination inconnue au pays de l'étrangère que je vais devenir. ISABEL

Comment aller à Paris ? Je n'ai jamais quitté ma maison natale. Je ne sais prendre ni le train ni le bateau. Dans une valise marron en carton bouilli, ma mère range chemises, caleçons longs, chaussettes, mouchoirs… et maillots de corps en laine peignée. On met la valise sur un âne, une cousine m'accompagne, à pied. Nous prenons le sentier au milieu du maquis pour rejoindre l'autocar de Bastia, qui passe à dix kilomètres sur la route nationale. Et je vois disparaître lentement, lentement, mes frères et ma sœur. Puis mes parents, et puis la maison familiale et enfin la fumée qui sort de la cheminée sur le toit. Les adieux ? Aucune larme, de l'émotion. Je pars, c'est « pour mon bien ».
Autocar jusqu'à Bastia avec mes amis, aussi tristes que moi. Ils quittent la Corse pour un an. Une nuit de bateau, couchés sur des chaises longues. Une journée à Marseille et le train de nuit de la gare Saint-Charles à la gare de Lyon. J'ai encore dans ma tête la sirène du bateau et les bruits des roues en acier de ce train de nuit. Mon oncle vient me chercher à la gare de Lyon. Je sens les odeurs de l'essence des voitures. Le ciel est voilé. Ce n'est plus le ciel de la Méditerranée. Le lendemain matin, pour me consoler, mon cousin me dit : « Viens, je vais te faire visiter les jardins du Luxembourg… tu verras comme c'est beau ! » Quand j'ai vu, après la statue de George Sand, tous ces marronniers alignés comme des soldats de plomb, taillés comme des cheveux en brosse, ma gorge s'est serrée. DOMINIQUE

Mes parents nous ont déposées à l'aéroport. Le ciel du matin annonçait les premières chaleurs mais il fallait partir. En une longue file, nous avons pénétré dans le grand hall de l'aéroport et le temps se figea entre les murs de verre. Deux jours et une nuit, dans l'attente d'un vol hypothétique. Deux jours et une nuit de valises immobiles. Deux jours à écouter les plaintes du départ. Pour l'enfant que j'étais, l'attente se faisait jeu, deux jours à regarder, du couloir qui courait autour du hall immense, la foule qui s'échauffait, s'épuisait, attendait en un magma de couleurs, de bruits imperceptibles. La fourmilière triste s'agitait lentement autour de ses valises qui portaient son passé, son présent, son futur.
L'annonce d'un départ créait parfois une grande effervescence : ceux de dehors entraient, ceux de dedans partaient, agités et nerveux. Les voix allaient heurter les parois de verre qui gardaient la terre et l'air et le soleil si loin des voyageurs sans parvenir jamais à faire tomber les murs qui disaient le départ. Les caravelles égrenaient seules le temps, emportant dans leurs flancs d'acier gris des bagages et des êtres qui rêvaient de partir et pleuraient de partir.
Puis ce fut notre tour. La peur de ma grand-mère faisait comme un grand cercle qui me tenait au dehors de ses mots, de ses mains qui tremblaient. L'avion fut un vaste refuge où trouver une place. Le bruit rond des moteurs, l'eau fraîche, le sommeil. MICHELLE

*Que j'aie un kilomètre ou mille à parcourir, je sens physiquement au cœur de mes entrailles un courant étrange, qui me paralyse en même temps qu'il me pousse à me mouvoir.* ÉVELYNE

À l'aéroport mon père a disparu. Ma mère m'a expliqué qu'il était parti parce qu'il ne supportait pas les au revoir et ne supportait pas de me voir partir. Quand l'heure de l'embarquement a sonné, je me suis levé sans rien dire et me suis dirigé vers le couloir qui menait à l'avion, cet avion qui devait m'emmener loin de chez moi.
J'avançais lentement, je regardais derrière moi et je voyais ma mère qui ne pouvait plus tenir debout tellement elle pleurait. Pendant un instant, je me suis dit que je n'étais pas obligé de partir et je voulais faire demi-tour. Mais en même temps je me disais qu'on n'a pas toujours la chance d'aller faire des études à l'étranger, surtout en France, et que je devais laisser mes sentiments de côté.
PIERRE-CYRILLE

Ni clandestin ni barque percée, je pars en passager. Je suis fier, minot non accompagné, j'ai ma petite pochette autour du cou avec tous mes papiers, je tiens la main de l'hôtesse, je passe devant tout le monde. Devant la police de l'air et des frontières, je passe. Face aux douaniers, mes yeux plissés déclarent mon plaisir de conduire ce chariot de bagages. Les aéroports français sentent bon à cette époque de l'année, les gens dodelinent avec leurs valises, lisent des magazines qu'ils ne lisent pas ailleurs. Les enfants lèchent des sucettes bariolées, jouent par terre la tête dans les airs…
Lorsqu'on part et c'est une impression, on pense quitter les gens. On pense dire adieu, tourner la page, quitter ses lieux, ses habitudes, son allant. Mais c'est le même mouvement qui nous pousse à l'arrivée, les mêmes envies, les mêmes passions. On ne quitte rien, ni les gens, ni les rapports qu'on avait ensemble. On ne quitte rien : on vient de partir. Au contraire on se rattache fermement, à ses souvenirs, à son temps. Au temps où l'on ne tenait pas compte du temps, au temps sans rebours. Mais le temps joue, joue et rejoue jusqu'à ce qu'on perde tout : les gens qu'on côtoyait, ceux qui nous amusaient, ceux qu'on aimait. Le temps joue au point de nous rendre silencieux, attentifs au présent, oublieux du passé. Le temps joue contre nous.
Lorsqu'on part, c'est le temps qu'on ne prend pas à revenir qui compte. Le temps qu'on met à rentrer au point d'en avoir peur, au point de se sonder. Est-ce bien le moment ? N'est-ce pas trop tôt ? La distance, pour sa part, n'y peut rien, une distance se parcourt, à l'envers, à l'endroit. Le temps, lui, ne se remonte pas. Alors lorsqu'on part, et c'est une impression, on pense quitter les gens. On accuse la distance, mais jamais le temps. On est trop loin ! mais jamais trop longtemps. NACIM

CHAPITRE III

Toutes les couleurs du monde - Une jeune fille libre - Le cœur à l'ouvrage - L'étoile jaune - Les baraques de Schoeneck - Les apatrides - L'école de la République - L'hôtel de l'exil - Le crachat - La chambre 12 - Un exil intérieur - Des études à Paris - La vie de bohème - Géographie sentimentale

# Ancrages

*D'abord vous flottez, comme en état d'apesanteur. Vous êtes devenu un corps étranger, un colporteur de vous-même. Un vagabond de l'espace et du temps. Vous êtes un errant, une ombre sans ombre, sans papier, sans visage et sans âge...*

*Si les sédentaires vous craignent, s'ils vous rejettent, c'est sans doute parce qu'ils recouvrent en vous voyant passer une peur primitive : celle de l'apatride, de l'individu qui doit survivre lorsqu'il a perdu sa tribu et qu'il n'appartient plus à aucune communauté. À première vue, votre accent, vos maladresses, vos incompréhensions, vos vêtements, vos coutumes, votre apparence les font rire. Mais en vérité ce rire est un rite de conjuration. Vous êtes le reflet de ce qu'ils ne veulent pas ou de ce qu'ils n'osent pas être. Ils redoutent votre solitude. Ils envient votre liberté passagère.*

*Mais tôt ou tard, vous allez jeter l'ancre. Domicilier votre ombre, poser vos valises. Vous agripper au quotidien. Affronter le regard des autres tout en occupant leur territoire. Apprivoiser leur tolérance. Apprendre à devenir lisse. Prendre parfois la couleur des murs pour vous faire oublier...*

*Nadia rentrant chez elle dans le quartier de la Goutte d'Or à Paris (Photo Darryl Evans).*

*Nous sommes les exilés. Nous sommes des plantes exotiques aux yeux des autres, qui distraient ou dérangent, selon la vision qu'on a de nous.* ÉVELYNE

MODÈLE A.

RÉPUBLIQUE FRANÇAISE

N° [illegible]

**PERMIS DE CONDUIRE LES AUTOMOBILES.**

(Sauf mentions spéciales inscrites au verso, le présent permis **n'est pas valable** pour la conduite des véhicules ci-après : 1° Voitures affectées à des transports en commun ; 2° Véhicules pesant en charge plus de 3,000 kilogr. ; 3° Motocycles à deux roues.)

Signature du titulaire : A. Troubetzkoï

TITULAIRE : M (1) Troubetzkoï Alexandre

(1) Nom et prénoms.

No. 1A100

demeurant à 236, Rue du faubg de Kar... Lille

né le 24-2-1892 à ...

Délivré par le Préfet d ...

Le 31 OCT 1923 19

[1956]

AU ROI DES AUVERGNATS
Chiffons · Papiers
Métaux

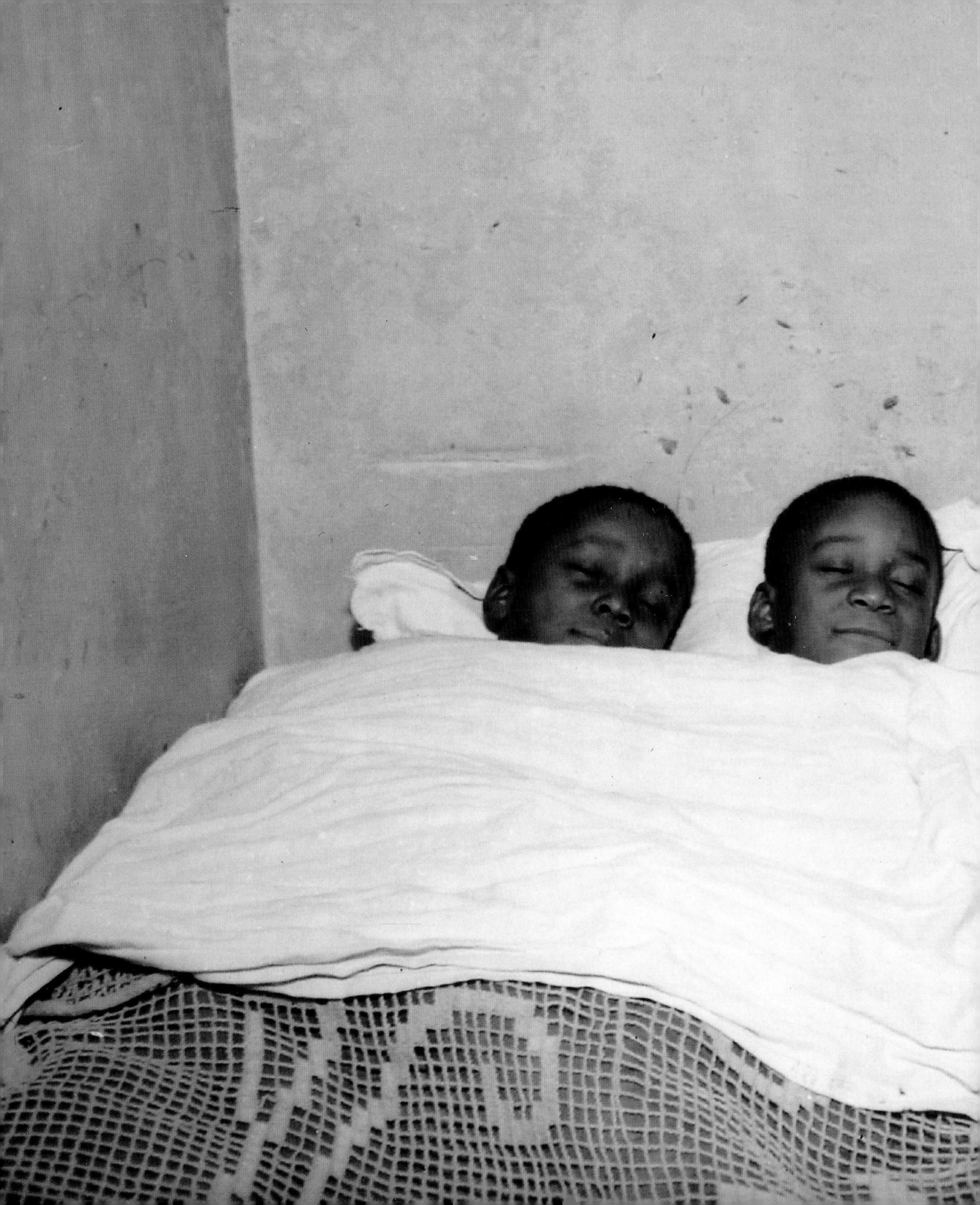

*« Ton cœur se balade entre deux continents, tu es moitié-moitié. Tes yeux, un pour ici, l'autre pour là-bas. »* Emma

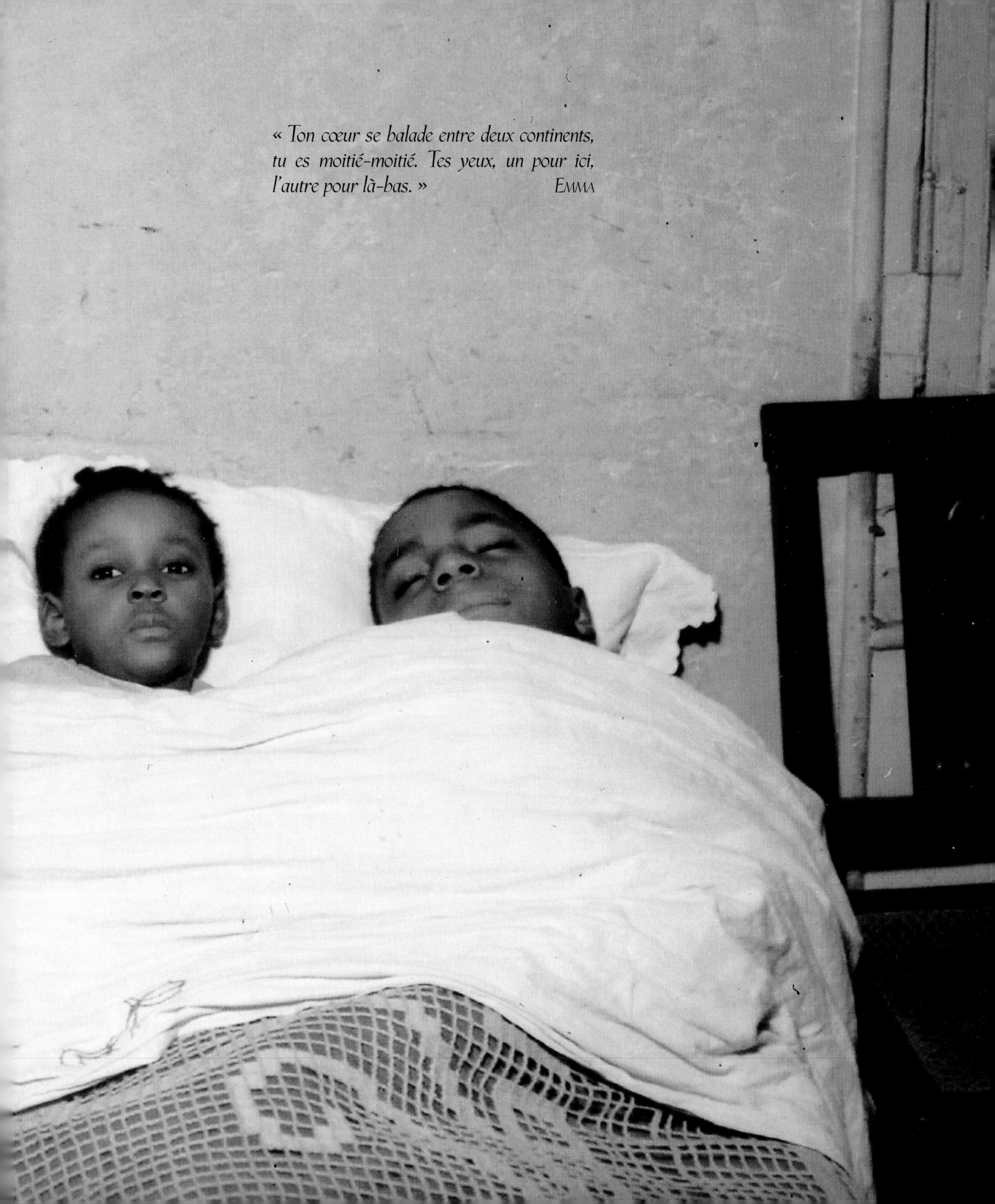

Louis Surenaud est né en 1885. Frère des écoles chrétiennes, à vingt ans, il quitte pour toujours sa terre natale, le Dorat, près de Limoges, pour l'Amérique du Sud. En 1930, Louis est un déraciné épanoui. Il se réalise pleinement dans son sacerdoce de professeur au service des défavorisés. Après la mort de ses parents, il n'oublie pas ses racines et se lance dans une correspondance avec son neveu Bernard, qui a dix ans.

# Toutes les couleurs du monde

## Nicaragua, 1930

Cet album n'est pas un album, c'est une espèce de lettre d'un tonton d'Amérique, pas d'un tonton Crésus du pays du dollar, mais d'un gueux de moine qui vit heureux au pays de la gaieté. Mes dessins ne sont pas pour les critiques, ils sont pour Bernard. Couleurs sans danger, délayées à l'eau fraîche de mon Alcaragua, à peu près comme écrivaient les anciens Indiens.

Sur cette page, nous ne dessinerons rien. Nous la réserverons pour dire ce qu'il n'y a pas dans l'Amérique du Tonton. Voyons! Nous irons sans ordre… En Amérique, il n'y a pas de neige, excepté sur les cimes des Andes: 5000, 6000, 7000 mètres d'altitude. En Amérique, il n'y a pas de longs jours, il fait nuit à six heures du soir. Il n'y a pas ici de battoirs; on frappe le linge sur la pierre; on ne voit pas au pays de Christophe le vieux moulin tout tremblant poudré de blanc. Les petits enfants et les vieux paysans n'y sont pas chaussés de sabots de bois, ils n'ont pas de blouses bleues, mais leur chemise courte y ressemble un peu et ils ne la fourrent pas dans leur pantalon. Les fenêtres ici n'ont pas de carreaux ni de contrevents. Les maisons des pauvres gens n'ont pas d'étages ni de plafonds; c'est comme la grange du fermier. L'église du village non plus mais elle est toute fleurie et ses saints bien habillés. Elle n'a pas de coq au bout du clocher. La maison n'a pas de cheminée, le petit Jésus met ses cadeaux sous le lit ou sous l'oreiller. Il n'y a pas de cave ni de grenier; on boit de l'eau claire ou de la *chicha*, il faut dire « tchitcha », c'est de la piquette bien fermentée. Dans les Amériques, il n'y a pas de petits bergers mais il y a de gentils petits laitiers qui vont à la ville sur un bourriquet. Il n'y a pas de cordes pour sonner les cloches; elles sont suspendues et l'on frappe dessus à coups redoublés. Quoi de plus? En Amérique il n'y a pas de printemps, c'est toujours l'été donc pas d'automne; les feuilles tombent et à mesure sont remplacées. Non plus de glace pour patiner mais il y a *el rio*, c'est la rivière bien ombragée et tous les jours on peut s'y baigner même en sortant du dîner. Enfin, il y a des fruits, des oranges, des fleurs, des roses toute l'année mais comme en Limousin, il n'y a pas de châtaignes bouillies ni blanchies ni grillées.

Louis

Rêverie

un bon vieux, bien fatigué, (depuis ce matin
eut être il monte de la plaine au sommet
n bon vieux, dis-je, se repose au bord
e la route fleurie, il boit de l'air, de
a clarté, de la fraîcheur, il a les yeux rem-
plis de rêves, d'horizons, d'immensités, de
randeurs, de couleurs. Tout à coup, malheur
diable d'auto qui débouche de derrière ce gros
rbre, empeste l'air embaumé, soulève un
uage de poussière qu'il faut avaler malgré
ut. Debout mon ami, après la poésie la
rose, voilà la vie, monte encore tu n'es pas
u bout. Toujours des épines avec les roses
n'oublie pas.

12 Un soir d'été sous les tropiques.

C'est encore un petit coin de la ferme "el rancho", je vois çà par ma petite fenêtre; mystérieux, tout est baigné dans une lumière d'or et de sang.

Del clarín del horizonte
Brota sinfonía rara,
Como si la voz del monte
Vibrara.

Cual si fuese lo invisible...
Cual si fuese el rudo son
Que diese al viento un terrible
León. Rubén Darío.

Magnifiques vers extraits du grand poète Ruben: "Tarde del Trópico" Un soir sous les tropiques, que j'essaie de traduire aussi fidèlement que possible en quatre lignes de prose.

A l'horizon une trompette sonore,
une rare symphonie qui monte,
comme si vibrait la voix des monts,
comme si l'invisible parlait...
comme si un lion terrible prêtait
au vent ses rugissements.

Marie est née à Béziers en 1932. Son père Raoul était artisan mécanicien. Sa mère, Lucienne, s'occupait de ses deux filles, après avoir travaillé très tôt comme domestique puis comme ouvrière dans un atelier de confection. Elle partageait sa vie entre les tâches ménagères, les courses de ravitaillement aux halles de Béziers et la lecture de livres d'histoire, du Chasseur français et de Modes et Travaux.

*Lucienne, la mère de Marie, dans les années 1930.*

# Une jeune fille libre

## Béziers, 1930

Ma mère, en 1920, quitte son village de Lorraine pour être placée à Gentilly, près de Paris. Son père vient de mourir d'un accident. Il a été écrasé par l'express. Il n'y a plus un sou à la maison. Sa sœur, qui travaille à Paris chez un professeur de médecine, lui a trouvé cette place. Ma mère a 13 ans. Elle vit avec sa patronne dans une propriété au milieu d'un grand parc. Elles ne sont que toutes les deux dans une maison immense. Le soir, sa patronne tire au pistolet dans le parc car elle craint les voleurs. Ma mère a peur, qui dort sous les combles dans une chambre où il n'y a pas de serrure. Mais surtout elle se languit de sa mère. Ce n'est qu'une petite fille encore.

Mais, quand deux ans plus tard sa sœur aînée, installée dans le Midi, lui propose de venir habiter avec elle et lui trouve une place dans un atelier de confection, ma mère s'épanouit. Elle est heureuse. Ouvrière, c'est une promotion par rapport à domestique. Il y a des horaires, des congés, des droits. Sa jeunesse peut commencer. Elle est choyée, retrouve l'insouciance. Le bal du dimanche, les groupes de copines, la baignade à la mer toute proche, les goûters au bord de la rivière. Un peu argentée, elle commence à s'acheter quelques toilettes. Elle va au théâtre, aux poulettes, comme on dit, tout en haut, où il y a les places les moins chères. « Que j'étais godiche, racontait-elle, avant d'arriver à Béziers ! » Ignorante aussi.

Elle non plus n'aura pas envie de retourner dans son village. Certes les voyages sont chers, mais surtout elle a trouvé mieux. Elle a adopté l'Hérault. Son langage s'émaille d'expressions en Occitan. Sa cuisine devient languedocienne. Elle sera imbattable sur les poissons de mer. Elle s'intéressera à l'histoire du pays. Elle en saura plus que mon père sur la ville, les artistes du passé, les peintres, les monuments. Elle parlera toujours comme d'une chance d'avoir quitté son village.

MARIE

SINGER

# Le cœur à l'ouvrage

La vie quotidienne est rude dans le Narbonnais pour la veuve et ses enfants en bas âge. Dès qu'ils sont en mesure de travailler, ils quittent à regret l'école pour aller se faire embaucher, soit faire la plonge dans un café, comme Mercedes, dès neuf ans, soit à l'usine Coudonne, située à proximité de la maison familiale. L'aîné, Jean, n'a pas treize ans quand il y fait ses débuts dans la vie. Il y sera suivi très vite par Maria, Carmen, Josefa, ma mère et Antonia. L'établissement fabrique des tuiles, des cairons et des mosaïques et ses locaux industriels occupent les deux côtés de l'avenue de France.

Sitôt la journée de travail «officielle» finie, les enfants passent leur soirée à recoudre des sacs pour le compte d'un marchand de charbon. La fatigue des uns se mêlant aux rires et aux chants des autres. Maria Ramon n'est pas épargnée. Elle devient, selon les circonstances, après la mort de son mari, mère au foyer, ménagère, balayeuse aux halles de Narbonne. La polyvalence, voire la pluriactivité professionnelle a toujours été une constante familiale.

Un jour, l'un de mes proches me reprochant mon zèle professionnel m'assena une vérité première qui se voulait corrosive: «Il y a des gens qui sont nés pour être serviteurs et les autres pour diriger.» J'admets volontiers ce truisme que je fais mien. La dignité peut se perdre à tout moment et l'opulence au-delà des Pyrénées peut se transformer en servitude en deçà. Affaires de circonstances historiques et économiques, et de rencontres. Car après tout, qui n'avons-nous pas servi au cours de nos vies de déracinés ? La terre et ses caprices, les parvenus d'ici, les rentiers d'ailleurs, les clients des différents commerces que nous avons tenus, les petits patrons, l'État, des ministres. La liste est longue et mériterait décidément des compléments. Maître de sa vie ? Personne n'y tenait. À cette époque, on bénissait les chaînes qui asservissent, les ordres qui assomment de travail, le salaire qui ne suffit jamais à faire vivre sa famille au sens large. Les humiliations, petites et grandes, qu'on accepte en serrant les dents et les poings. Le risque calculé ? Une pensée de riche. Vivre et travailler ou travailler pour vivre ? Nous avons bien accepté n'importe quoi pour exister, se prouver qu'on peut faire, qu'il faut encore compter sur nous. Pour soi et pour ceux et celles dont on a la charge.

JEAN-BERNARD

SINGER

1940 : Robert a dix ans. Ses ancêtres sont des Juifs espagnols, qui ont fui les tribunaux de l'Inquisition. Jacques, le père de Robert, est un ancien combattant de la guerre de 1914. Sa mère, Pauline, est alsacienne. C'est dire que Robert, le petit Parisien, ne comprend pas la raison pour laquelle il n'est soudainement plus un Français comme les autres, alors que les dignitaires du régime de Vichy promulguent les premières mesures anti-juives.

# L'étoile jaune

## En France sous l'Occupation, 1942

J'avais dix ans quand je compris que je n'étais plus un Français comme les autres. Les rites de la religion juive n'avaient pas eu, jusque-là, d'influence sur notre vie quotidienne. Mes parents n'étaient pas pratiquants ; ils s'estimaient de surcroît pleinement intégrés à la communauté nationale.

Au terme des vacances scolaires de 1940, que nous avions passées aux Sables-d'Olonne, mon père décida que nous demeurerions en Vendée. Après sa démobilisation, il s'était mis en devoir de s'affilier à un réseau de résistance et distribuait des photos du général de Gaulle. Il fut dénoncé par notre logeuse. Mon père et mon frère Gaston échappèrent aux recherches des Allemands en passant en zone non occupée. Ma mère, restée avec moi aux Sables-d'Olonne, fut convoquée à la Gestapo en mai 1941. Je décidai de l'accompagner, alors que, ce jour là, je devais passer la composition d'histoire, ma meilleure matière. Nous fûmes instantanément séparés. Maman comprit que nous devions, à notre tour, partir pour la zone dite libre. Mis en contact avec le réseau de passeurs, nous franchîmes la ligne de démarcation à la fin de l'année 1941, après plusieurs jours d'attente à Confolens.

Au terme d'un long périple en train, nous arrivâmes à Fleurieu-sur-Saône, charmant village situé à quinze kilomètres au nord de Lyon. Aidés par plusieurs familles lyonnaises, nous fûmes fraternellement accueillis et nous nous fondîmes dans la masse ; nous allions même à la messe le dimanche, pour faire comme tout le monde, bien que l'on n'ignorât pas que nous étions juifs, comme de nombreux autres réfugiés.

C'est alors que, pour la première fois, je me rebellai contre le sort injuste qui faisait de nous des parias. Demi-pensionnaire au lycée Ampère à Lyon, je rentrais chaque après-midi à Fleurieu par le Train bleu, tramway qui longeait la vallée de la Saône. Je traversai le village à pied et passai devant l'école communale quand, un jour, fusa une injure que je ne pus supporter : « Sale juif ! » Je me précipitai sur l'élève qui m'avait insulté, sans réfléchir aux conséquences de mon acte, et je le tabassai de toutes mes forces, jusqu'à ce que l'instituteur, alerté par les cris des élèves, me séparât de mon adversaire. J'expliquai ce qui s'était passé ; le maître promit que l'incident n'aurait pas de suite. Mais, désormais, je changeais de parcours pour rentrer chez moi.

À douze ans, la réalité du monde à laquelle j'étais confronté me remplissait d'horreur et de honte, car elle remettait en cause ma propre entité. La notion de race, au sens biologique du terme, ne m'était jamais venue à l'esprit. L'idée de nation m'irradiait de manière d'autant plus prégnante que le pays dont je me sentais ardemment le fils était provisoirement privé de liberté. Grâce à mes nombreuses lectures, j'étais convaincu que la France était un peuple arrivé à une sorte de perfection spirituelle, avec son passé glorieux, ses écrivains, ses musiciens, ses artistes, et aussi ses héros mythiques. Peu après nous fut révélée l'immense entreprise d'anéantissement – *Vernichtung*, mot d'ordre abject des nazis – qui avait déferlé sur l'Europe impuissante : les enfants séparés de leurs mères, les familles massacrées, les morts brûlés avec les vivants dans les fours crématoires… Après l'Holocauste, le monstre allait être abattu, mais à quel prix !

En quête d'identité, je cherchais à savoir qui j'étais : un Espagnol transplanté, victime de l'Inquisition ? un Oriental, en partie assimilé par les Arabes d'Afrique du Nord, où mes ancêtres s'étaient réfugiés après 1492 ? un fils de Juifs errants, portant en lui les marques indélébiles de siècles de persécution ? Non, me disais-je : je suis avant tout français. Cette prise de conscience me permit de surmonter une anxiété qui découlait d'un atavisme incontrôlable. J'étais en quête d'une francité absolue. Je me voulais plus français qu'un Français de France.

Robert

Juif

L'EXODE

PARC À JEUX
RÉSERVÉ AUX ENFANTS
INTERDIT AUX JUIFS

Avant et après la Seconde Guerre mondiale, des centaines de milliers de Polonais émigrèrent vers la France pour travailler dans les mines du Nord-Pas-de-Calais et de Lorraine. Des familles nombreuses de diverses nationalités – une trentaine – cohabitent ainsi dans la Ferme de Schoeneck, entassées dans des baraquements d'une cité de planches.

# Les baraques de Schoeneck

*Houillères du Nord et de Lorraine, 1950*

Malgré l'image négative et triste de cette cité en planches noyée sous la pluie, et malgré la précarité de leur situation matérielle, cet endroit allait enfin leur offrir la seule chose qu'ils avaient jamais possédée : ils étaient enfin chez eux… La famille au complet avait pris place dans la cuisine éclairée par la lumière jaunâtre d'une ampoule nue qui se balançait au plafond. Le père avait chargé, puis allumé le feu dans le foyer de l'immense cuisinière à charbon. Les plaques de fonte rougissaient sous la morsure du feu qui ronflait et une douce chaleur envahissait petit à petit la pièce exiguë.

Dehors, le vent s'abattait en hurlant sur les toits légers et la pluie éclatait à intervalles réguliers contre les carreaux des fenêtres. La mère avait mis les couverts et les bols sur la table pour le repas du soir. À côté de l'évier, une serviette était accrochée à un clou planté à même le mur et un petit miroir à cadre de bois surplombait le robinet en laiton. Le calendrier des Postes avait également trouvé sa place à côté de l'armoire de cuisine. Le reste des meubles se résumait à quelques chaises dépareillées, l'immense cuisinière à charbon et un banc en bois sur lequel trois des enfants prenaient habituellement place. Il y avait aussi une chaise haute en bois blanc laqué héritée d'une tante allemande dans laquelle le cadet de la famille passait le plus clair de son temps. Dans un coin de la pièce, les deux petites, assises par terre sur une couverture, jouaient à la dînette avec leurs poupées. Quand la mère n'avait pas eu le temps de cuisiner, toute la famille mangeait des tartines de pain beurrées recouvertes de fines tranches de saucisson Lyoner que le grand frère Helmut avait acheté à la Samer en fin d'après-midi. Cette charcuterie bon marché était devenue une véritable institution dans le monde des ouvriers de la mine. Ceux qui savaient l'apprécier accompagnée d'une bière bien fraîche et d'un peu de moutarde connaissaient un état proche du nirvana.

Clément

# Les apatrides

*Photographie prise au moment de l'embauche de mineurs pour les houillères du Nord.*

*« Souvent les gens leur demandent quelle est leur nationalité. Ils répondent fièrement : "Ukrainiens". Mais devant les lourdes perplexités de l'entourage, ils finissent par accepter d'être polonais : c'est plus simple pour tout le monde et, de toute façon, ils préfèrent cela que d'être russes. »*

Jean-Bernard

*Un bon nombre de mineurs et d'ouvriers agricoles « polonais » venus en France dans les années 1930 étaient en fait ukrainiens, puisque leur pays était à l'époque partagé entre l'Union soviétique, la Pologne, la Roumanie et la Tchécoslovaquie. Ils furent souvent classés comme « apatrides » !*

# L'école de la République

Dès notre arrivée, nous fûmes scolarisés. Je ne sais combien de temps dura mon apprentissage du français. Cela s'est fait petit à petit, sans que je m'en rende compte. Les premiers temps j'écoutais sans comprendre ou, parfois, je comprenais des mots qui, par leur consonance, avaient une certaine ressemblance avec l'espagnol. En arithmétique, je n'avais aucun problème, j'apprenais seulement à prononcer les chiffres et les nombres. Pour le reste, ce fut plus long. Je lisais en prononçant les mots à ma façon, souvent sans comprendre ce que je lisais ou ce que je récitais. À chaque lecture, à chaque récitation, la maîtresse corrigeait patiemment ma prononciation, me posait des questions sur un mot, me le traduisait en espagnol ou me le montrait à l'aide d'un dessin. Et, de récitation en lecture, sans presque m'en rendre compte, grâce à une institutrice patiente et compréhensive, je maîtrisai suffisamment le français à la fin de la première année scolaire pour passer en cours moyen dès la rentrée suivante. Comme mes frères et ma sœur se trouvaient dans la même situation, au fur et à mesure que nous progressions dans l'apprentissage du français, celui-ci s'infiltra subrepticement à la maison au détriment de notre langue maternelle. José Maria

Ici, c'est Aubervilliers, où il fait froid, où il fait gris, où il fait triste. Le ciel est sombre, balayé de fumées noirâtres, les murs sont sales, ça sent mauvais comme une odeur de suie un peu âcre et qui pique les yeux. C'est, paraît-il, à cause d'une usine de colle toute proche et de Babcock. Il y a des rues avec des caniveaux, des autobus qui tintent à chaque arrêt, des gens tristes qui marchent sans se regarder et sans se dire bonjour… Mais ici, c'est la France.

On lui a bien expliqué, à la petite fille, qu'il ne faut plus avoir peur. Certes, cette peur-là a disparu. Maintenant, c'est autre chose. C'est quelque chose de lourd et de triste. Il lui a suffi d'aller dans la rue pour sentir qu'elle n'est pas comme les autres. On la laisse de côté. Les autres courent, crient, s'amusent. Elle, elle regarde. On ne veut pas d'elle pour jouer au ballon, pour sauter à la corde. Elle ne comprend pas le français, mais elle ne se trompe pas : ce sont bien des injures qu'on lui lance avec des rires et des yeux méchants. Plus tard, elle aura encore plus mal quand elle comprendra : « Sale espagnole ! Sale pingouin ! Retourne dans ton pays ! Tu manges le pain des Français ! » Ça ne finira donc jamais ! Là-bas, au village, on l'a chassée de l'école parce qu'elle était fille de républicain ! Ici ? Parce qu'elle est espagnole ! Pourtant, ici, c'est la France ! À la maison, on ne cesse de lui dire : « Il ne faut plus avoir peur. Il ne faut pas être timide. Il faut apprendre le français. »

Quelle émotion, quel cauchemar quand il a fallu aller à l'école. Elle n'est pas comme les autres. Elle n'est pas d'ici. Comment peut-on

être d'ailleurs ? C'est toujours le même étonnement suivi du même rejet. Elle voudrait tellement être comme tout le monde ! Surtout qu'on ne la remarque pas, qu'on ne sache pas qu'elle est espagnole. Sa tactique ? Se faire toute petite. S'effacer. Baisser les yeux, comme si baisser les yeux pouvait rendre invisible. Se taire. Faire semblant de comprendre, hocher la tête, hausser les épaules. Et sourire. Cacher cette peine, cette tristesse qui lui serre le cœur. Mais au premier mot de la maîtresse, un gros sanglot trop longtemps retenu lui monte à la gorge et elle se met à pleurer. La maîtresse parle, elle parle d'elle sans doute car les yeux la regardent autrement. Dans la cour, les élèves forment une ronde. À l'écart, elle regarde. Tout à coup, une main la saisit et l'entraîne de force dans la ronde. C'est la maîtresse. Jamais geste ne lui fut plus doux. THÉRÈSE

Nous avions pour point de chute une ville des Côtes-du-Nord, sous la neige en janvier 1957. Mon père, chef d'atelier à la SNCF, fut surnommé Mohammed V par ses collègues. Au lycée, on me demanda si on parlait arabe chez nous, si on avait des meubles, si on mangeait par terre… À la récréation, des filles tiraient sur mes longues nattes rousses et me bousculaient en me traitant de « sale arabe ». Je réussis pourtant à me faire des amies et j'étais fin prête pour aider d'éventuels souffre-douleur quand les rapatriés d'Algérie arrivèrent.

J'enviais les copines qui avaient une maison et un grenier plein de souvenirs de famille. Nous sommes tous des exilés meurtris et enrichis par leur déracinement. DANIELLE

Ma famille et moi avons quitté l'Algérie le 24 juin 1962. L'année scolaire se terminait. Je venais de fêter mes neuf ans. Dès le mois d'août, nous nous sommes installés à Melun, en région parisienne. Et en septembre, j'étais inscrite en CM1. Je ne me souviens ni de l'école, ni des élèves, mais de la cruauté de ma maîtresse, je m'en souviens très bien.

J'étais plutôt une bonne élève. Je m'appliquais tout particulièrement à l'étude et connaissais mes leçons sur le bout des doigts. La matière que je préférais était le français. Un jour que nous apprenions l'imparfait, la maîtresse me demanda de réciter le verbe « chanter ». Je me suis levée et j'ai déclamé, consciencieusement : « Je chantais, tu chantais, il ou elle chantait, nous chantions, vous chantiez, ils ou elles chantaient. » Je savais parfaitement conjuguer les verbes à l'imparfait. J'étais fière, je n'avais pas fait de faute, lorsque j'entendis la maîtresse m'interpeller : « Ce n'est pas comme ça ! On dit : je chantais avec un "ai" ouvert et pas avec un "é" fermé. Tu comprends ? Recommence. » Je recommençai, sans comprendre. J'étais sûre de ce que je disais, d'ailleurs elle disait pareil. Mais la maîtresse, furieuse, me hurla dessus : "ai" ouvert et non "é" fermé » Recommence ! » Je n'entendais pas la différence, je ne comprenais pas ce qu'elle me voulait de moi, ce qu'elle voulait que je dise.

Sans cesse, elle me fit reprendre mais je persistai malheureusement avec mon « je chantais » et le « é » fermé. Elle rentra alors dans une colère noire, toute la classe se moqua de moi, ricanant sans retenue. J'étais mortifiée. Dans la foulée, elle insista autant qu'elle put avec le « lait » et tous les autres mots qui se terminent par un « ai » ouvert. Et enchaîna avec le « o » de rose. Tous les enfants se gaussaient. Ma matière préférée devint un véritable cauchemar.

À la maison, tout le monde parlait comme moi. Ailleurs, on me disait sur un ton méprisant que j'avais l'accent pied-noir. Je fis d'énormes efforts pour le perdre. J'y parvins assez vite, je crois. Mais aujourd'hui, lorsque j'entends cet accent, je me sens envahie par une immense vague de tendresse. J'adore l'accent pied-noir.

SUZEL

BAR
TÉLÉPHONE

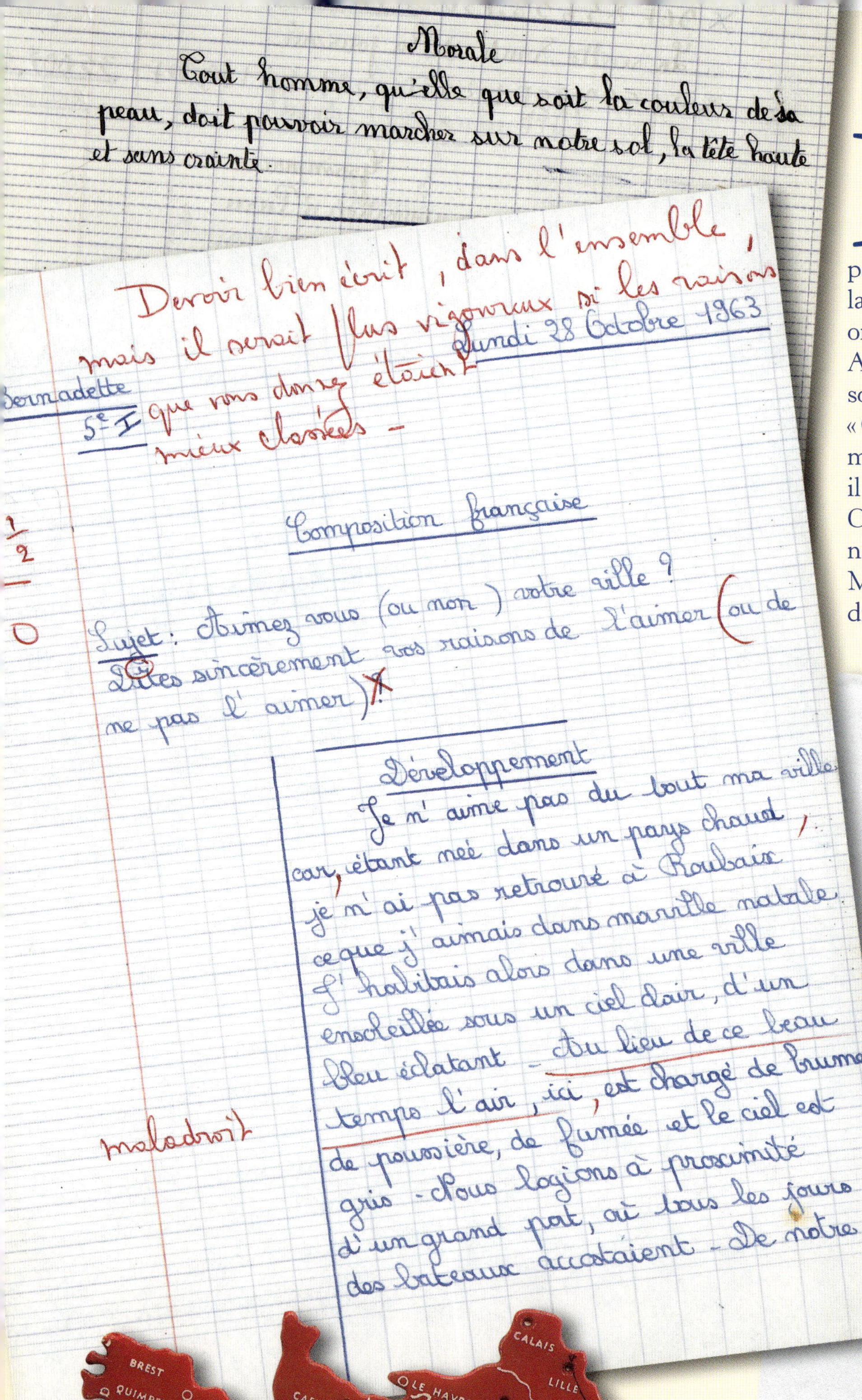
Morale
Tout homme, qu'elle que soit la couleur de sa peau, doit pouvoir marcher sur notre sol, la tête haute et sans crainte.

Devoir bien écrit, dans l'ensemble, mais il serait plus vigoureux si les raisons que vous donnez étaient mieux classées –

Bernadette
5e I
Lundi 28 Octobre 1963

1/2

Composition française

0

Sujet : Aimez vous (ou non) votre ville ? Dites sincèrement vos raisons de l'aimer (ou de ne pas l'aimer)

Développement

Je n'aime pas du tout ma ville car, étant née dans un pays chaud, je n'ai pas retrouvé à Roubaix ce que j'aimais dans ma ville natale. J'habitais alors dans une ville ensoleillée sous un ciel clair, d'un bleu éclatant. Au lieu de ce beau temps l'air, ici, est chargé de brume de poussière, de fumée et le ciel est gris. Nous logions à proximité d'un grand port, où tous les jours des bateaux accostaient. De notre

maladroit

Le vrai choc fut d'un autre ordre. La belle langue de Molière et de Corneille que nous apprenions au lycée Faure d'Istanbul n'existait pas ici. « Ch'peux pas ! », disaient les gens, et nous avions beaucoup de mal à comprendre pareil jargon. Nous disions « je ne peux pas » sans omettre une syllabe. Ici, on employait toujours le « on ». « Allez, on y va », disait-on pour « nous y allons ».

Au début nous passions pour des prétentieux. Cette façon de soigner liaisons et accords laissait certains Parisiens interloqués : « Qu'est-ce qu'y croit, ce pédant ! I peut pas parler comme tout le monde ? » Nous ne disions pas « I peut pas parler » mais « Ne peut-il pas parler ? »

C'était comme une fiancée tant convoitée, tant vénérée, marmonnant un jargon bizarre et proférant des jurons indignes d'elle. Mais enfin, la promise était comme cela, et nous avons dû apprendre à l'aimer telle quelle, notamment en imitant son accent.

MAURICE

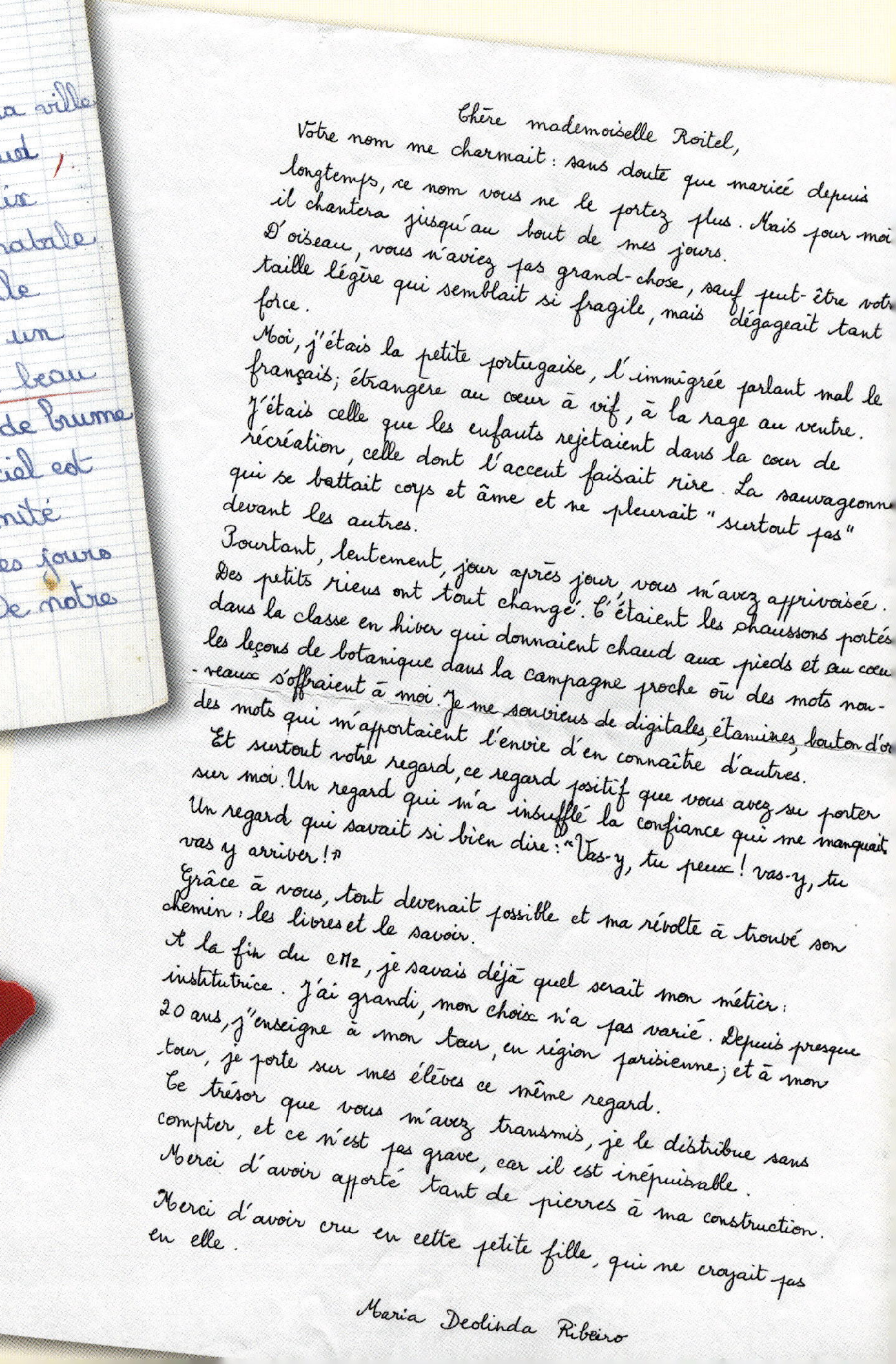
Chère mademoiselle Roitel,
Votre nom me charmait : sans doute que mariée depuis
longtemps, ce nom vous ne le portez plus. Mais pour moi
il chantera jusqu'au bout de mes jours.
D'oiseau, vous n'aviez pas grand-chose, sauf peut-être votre
taille légère qui semblait si fragile, mais dégageait tant
force.
Moi, j'étais la petite portugaise, l'immigrée parlant mal le
français ; étrangère au cœur à vif, à la rage au ventre.
J'étais celle que les enfants rejetaient dans la cour de
récréation, celle dont l'accent faisait rire. La sauvageonne
qui se battait corps et âme et ne pleurait "surtout pas"
devant les autres.
Pourtant, lentement, jour après jour, vous m'avez apprivoisée.
Des petits riens ont tout changé. C'étaient les chaussons portés
dans la classe en hiver qui donnaient chaud aux pieds et au cœur
les leçons de botanique dans la campagne proche où des mots nou-
-veaux s'offraient à moi. Je me souviens de digitales, étamines, bouton d'or
des mots qui m'apportaient l'envie d'en connaître d'autres.
Et surtout votre regard, ce regard positif que vous avez su porter
sur moi. Un regard qui m'a insufflé la confiance qui me manquait
Un regard qui savait si bien dire : « Vas-y, tu peux ! vas-y, tu
vas y arriver ! »
Grâce à vous, tout devenait possible et ma révolte à trouvé son
chemin : les livres et le savoir.
A la fin du CM2, je savais déjà quel serait mon métier :
institutrice. J'ai grandi, mon choix n'a pas varié. Depuis presque
20 ans, j'enseigne à mon tour, en région parisienne ; et à mon
tour, je porte sur mes élèves ce même regard.
Ce trésor que vous m'avez transmis, je le distribue sans
compter, et ce n'est pas grave, car il est inépuisable.
Merci d'avoir apporté tant de pierres à ma construction.
Merci d'avoir cru en cette petite fille, qui ne croyait pas
en elle.

Maria Deolinda Ribeiro

Un jour vous êtes ailleurs, comme projetée dans une autre planète. Vous êtes sourde, muette au milieu de cette langue que vous ne comprenez pas. Le « vieux monde » est ici. C'est l'Europe de vos livres d'école, sur des pages mal imprimées, les images des châteaux, des rois et des princesses. Tous les rêves de petite fille venaient d'ici. Là-bas, au Chili, les châteaux étaient de sable, les rois en chocolat et les princesses en tissu. Le temps est passé et vous vous êtes habituée à cette étrangeté, à ce ciel souvent voilé et gris, à ces regards sur vous, à ces rires moqueurs parce que vous parlez mal, avec un accent tellement drôle, et puis les mots mal prononcés, incompréhensibles. « Ah ? comment ? Qu'est-ce que vous dites ? » Et la boulangère de vous faire répéter trois fois le mot « croi-sant », jusqu'à l'énervement : « Mais qu'est ce que vous vouleeez ? ». Au bord des larmes vous allez lui crier : « Un croisant ! » et c'est la petite voix de l'enfant que vous entendez : « Madame, ma maman veut un croissant. » L'enfant vous devine, vous traduit. Il sera toujours là comme un pont entre vous et ce pays. L'enfant est né ici. Vous lui dites souvent : « Ton cœur se balade entre deux continents, tu es moitié-moitié, une main pour Papa-France, l'autre pour Mama-Chili. Tes yeux, un pour ici, l'autre pour là-bas. » Dans le bus, dans le métro, partout vous lui parlez dans votre langue, mais un jour vous vous êtes aperçue de certains regards hostiles. Des regards qui vous ont touchée, vous ont mis une main sur la bouche ; et vous avez su que ces « temps de crise » avait réveillé de nouveaux racismes. Avec peur, vous avez baissé la voix, chuchoté les mots câlins.

Emma

Avec la langue française ce fut d'abord une longue histoire de volonté, de travail, d'apprivoisement mutuel. Puis cela devint une histoire d'esprit, de culture, d'art de penser, d'échanger. Et enfin, c'est devenu une histoire d'amour et d'amitié faite de libération et de liberté, de croissance et de vie. Avec le temps, la langue française m'a adoptée et je me sens bien dans sa famille. Quand je suis fatiguée, que les deux langues se mettent à exister toutes seules, je bégaie, des mots arrivent, incontrôlés et incontrôlables, dans les deux langues, l'accent portugais se fait plus audible et la syntaxe se mélange. C'est avec les chiffres que cela se complique, sans que je sache pourquoi. Je ne sais pas compter, ni faire les quatre opérations en français. Comme si les chiffres étaient restés dans un espace d'intimité intraduisible, une espèce de musique unique, portugaise, forcément. Ça surprend toujours ceux qui entendent. Tant pis. C'est comme ça.

Isabel

# L'hôtel de l'exil

J'étais enfin là, dans cette cité dont le nom a résonné dans ma tête un millier de fois. La chambre de l'hôtel était petite, avec le strict minimum. Des vieux meubles et un parfum particulier qui me rappelait la malle secrète de ma grand-mère. Je marchais le long de l'avenue, un aller-retour incessant. Je ne voulais pas m'éloigner de l'hôtel qui était mon seul repère, ma seule demeure. J'apprivoisais les terrasses de café qui longeaient mon chemin, regardant les gens, leur démarche, leur visage, je les accompagnais en essayant de deviner leurs pensées le temps de leur passage.

Je me choisissais parmi eux des amis, des cousins, un amour ou une amante, sans même demander leur avis. L'exercice durait des heures, comme dans mon Afrique natale, où le temps coulait à flot, dans une lenteur interminable. Je n'avais en effet ni femme ni enfant, ni amis ou famille qui pouvaient m'attendre ou s'inquiéter de mon absence. De tout mon passé il ne me restait que des images en désordre et des souvenirs qui me hantaient l'esprit. Les jours suivants, j'ai essayé d'élargir un peu plus les frontières de mon périmètre de sécurité. Je prenais une ligne de bus du départ au terminus, deux ou trois fois dans une même journée. Je m'offrais ainsi des balades non accompagnées, je me faisais les commentaires, les remarques, sans jamais déranger. Le soir, je me vautrais sur le lit pour feuilleter mon album de photos. Je découvrais là des détails que je n'avais jamais vus, des regards qui me parlaient et des sourires qui me réjouissaient. Les jours se suivaient et se ressemblaient. Les mêmes rites aux mêmes moments, les mêmes coups de blues, les mêmes questions. Avec cet esprit tenace qui me faisait dire que demain serait un jour meilleur !

Dans ma chambre du foyer Sonacotra, je soufflais dans mon esprit un air de bonheur avec un nectar alcoolisé. Je refaisais le monde à coups de phrases, à coups d'arpèges sur des accords inconnus. Je tuais cette solitude qui s'est installée dans ma vie par des cris sourds, des fous rires que j'étouffais dans mon oreiller. J'attendais avec impatience la venue de la nuit comme lorsqu'on attend une amie. Elle me couvrait de son voile tendre, me chuchotait son silence, avec sa voix épicée. La ville m'offrait ses belles lumières en guise de bienvenue.

Dans les couloirs de ce monde haut de seize étages, je croisais des visages aux regards vides que le temps avait bien marqués. Des rides de fatigue et de lassitude s'étaient dessinées, avec cette résignation qui nous fait accepter toutes les fatalités. Des missives qui me témoignaient de l'amitié, de l'affection ou de l'admiration. Je devais représenter tant de choses pour tant de personnes. Le poids était lourd à porter, et cette image, difficile à assumer. J'avais envie dans mes réponses de tuer le mythe, d'effacer les traces de ce mirage à coups de mots froids, de dire la dure réalité. On s'exile pour les rêves, mais ce sont des mirages et des désillusions que l'on vit. L'exil, même s'il est volontaire et assumé, est un sentiment dont on ne guérit jamais. C'est porter en soi un monde qui existe encore quelque part et qui n'est déjà plus tout à fait le même. C'est à la fois une richesse intérieure et une position plutôt exigeante. Cela renforce un trait de soi qui consiste à refuser de tuer le môme qui est en nous.

Je suis tel un arbre, dont les racines se trouvent de l'autre côté de la Méditerranée et dont les feuilles poussent chaque jour ici.

Certains disent que le temps a une vertu thérapeutique. C'est peut-être vrai. Mais pas pour l'exil. Le temps n'efface pas ce besoin fort d'aller marcher sur les traces de son enfance. Revoir son quartier, son école, et tous ces coins dont l'image vous habite à jamais. Plus le temps passe, plus la perception de ces lieux change. Ce qui fut jadis laid devient beau. Ce qui fut ennuyeux devient plaisant. C'est la sublimation des choses propre à l'éloignement.

Khalidh

*Photographies prises dans le quartier de la Goutte-d'Or, à Paris, dans les années 1950.*

Norma est née à Hanoi en juin 1949. Son père, Léon, fonctionnaire français, contrôleur des Comptoirs de céréales, envoie sa femme et ses sept enfants en France. Un an plus tard, le camp retranché de Diên Biên Phu tombera et les Français évacueront définitivement Hanoi en novembre 1954.

Norma chez ses parents à Hanoi, en 1953.

# Le crachat

*Hanoi – Marseille, 1953*

Voilà plus d'un demi-siècle que je vis, en pointillé ou en somnambule, l'histoire des miens. Suis-je une exilée, une réfugiée, une émigrée ou une immigrée ? ou une rapatriée…

J'avais quatre ans et l'insouciance pour compagne. Arrivée en France en 1953 : à la sortie de la maternelle filles, j'ai essuyé le crachat d'un monsieur qui voulait faire payer à la petite « niahkoué » le fait que son fils combattait en Indochine. Ma mère, innocente, – elle ne connaissait pas ce pays qui avait été le berceau de sa belle-famille –, comprenait cet homme : n'étions nous pas partis de « là-bas » justement parce que mon père, né français, était désormais menacé s'il restait chez elle, en Indochine ?

Elle-même, arrachée à son pays, à sa culture, à sa famille, pour suivre le destin de cet époux, ne demandait qu'à aimer ce pays qui allait l'accueillir. Mon père n'est revenu que plus tard en France. Depuis Hanoi, il avait rejoint Saigon avant d'embarquer pour la France. Il a débarqué un matin, sorti de la voiture du colonel qui l'avait fait conduire jusqu'à nous. Maman a pleuré, je me cachais contre elle, intimidée, ne reconnaissant pas mon père, amaigri, enveloppé dans une capote militaire. Ma souffrance, c'est d'avoir assisté, impuissante, à celle de ma mère. Jeune, et si belle, elle avait tout perdu pour sauver les siens, menacés. À vingt-sept ans, ne connaissant rien de la France ni de la langue française, elle plongeait dans l'inconnu, entourée de ses sept enfants dont le dernier n'avait que quelques mois. Se battre, se défendre, se protéger elle avec nous, elle ne manqua pas de courage. Mais à quel prix ? Aujourd'hui, je la vois si faible, si détachée de la vie, une ombre qui parle à mon ombre.

Mère, je vous dois tout et je ne sais comment vous rendre tout ce que vous m'avez apporté. Vous avez perdu votre statut de jeune femme bourgeoise pour épouser celui d'un homme déchu, alors que votre union laissait présager un brillant avenir. Votre parole vous a été volée, parce que votre langue, ignorée ici, ne vous permettait plus de communiquer. Alors, emmurée vivante, dans les souvenirs de votre adolescence, vous avez cessé de grandir. Mariée à dix-sept ans, vous étiez encore une enfant gâtée. Et le nombre de vos enfants n'y changera rien. Vous étiez aussi jeune que nous, lorsque vous sautiez à la corde ou que vous valsiez avec nous dans la petite cour de notre maison, on aurait dit la grande sœur et non la mère. Plus de domestique, plus de nourrice, plus de chauffeur ni de cuisinière : il vous a fallu vous mettre à la tâche.

Avec les années qui fuyaient, les enfants grandis qui quittaient la maison, vous avez éprouvé un sentiment d'échec accru. Vous avez pensé : « Je suis irréelle, je n'existe pas. » Les cours d'alphabétisation vous étaient inconnus, vous parlez un sabir appris sur le vif lors de vos rares sorties chez les commerçants du quartier, avec un surprenant accent marseillais. On ne vous comprend pas toujours, et, dans l'incapacité de trouver le mot juste, confrontée à votre propre difficulté, vous devenez agressive pour ne pas succomber à votre peine. Je voudrais vous bercer et vous murmurer des mots doux, pour calmer votre chagrin qui dure depuis si longtemps. Vous consoler de votre beauté petit à petit emportée par les épreuves de votre non-existence. Mais je ne sais pas faire cela. Vous ne m'avez pas appris à montrer mes sentiments, à exécuter des gestes de tendresse. Manifester mon affection envers vous semblait vous déranger, vous faire perdre la face. Depuis mon enfance, j'ai acquis une maîtrise de mes émotions. Mais – est-ce l'âge qui est fautif ? – j'ai de moins en moins cette maîtrise lorsque je vous vois désemparée, désarmée…

NORMA

*Hanoi en 1953*

*Promenade dans le parc Louis-Finot, 1952*

En 1956, Minou a huit ans. Son père est négociant en coton et sa mère élève ses quatre enfants. Lorsque Nasser prend le pouvoir en Égypte, la crise du canal de Suez déclenche la deuxième guerre israélo-arabe et c'est alors le commencement de la fin de la communauté juive d'Égypte, qui va être expulsée du pays. Sa famille doit partir en moins de trois jours, après avoir tout perdu. Arrivée en France, sa famille doit repartir de zéro.

*Minou et sa mère à Alexandrie, en 1954.*

# Chambre 12

## Alexandrie - Paris, 1956

Une seule clé, une seule chambre pour six personnes, dans une si grande ville où s'élèvent tant et tant d'immeubles ! La peur me noue l'estomac. Même l'escalier délabré m'inquiète : il grince sous nos pas, la rampe en bois verni est trop haute pour que je puisse m'y retenir. Personne ne marche dans les couloirs dont la moquette marron s'effiloche sur les côtés et laisse entrevoir une thibaude grisâtre. Derrière les portes closes on perçoit quelques bruits, quelques voix indistinctes. Des ampoules nues, sur les murs et au plafond, éclairent faiblement les lieux. Georges a du mal à tourner la clé dans la serrure, mais il essaie de garder son calme. La porte émet enfin un craquement et s'ouvre sur une chambre minuscule, d'à peine vingt mètres carrés. Elle contient un lit à deux places et deux autres lits d'une place, pour six personnes ! Des rideaux de coton, sales, pendus à une tringle de bois, couvrent la moitié d'une fenêtre donnant sur une cour encaissée. On peut apercevoir un petit bout de ciel, à condition de bien pencher la tête sur le côté. Les murs sont fissurés par l'humidité. Derrière un paravent, le lavabo est noir de vieillesse. Le bidet est cassé. Quatre serviettes roses pliées et une petite savonnette sont posées dessus. La douche n'existe pas ; il faut sortir sur le palier, longer un couloir obscur et pousser une porte pour trouver un vieux tuyau accroché à un robinet. Les toilettes sont ailleurs, taillées à la turque derrière une autre porte du sombre corridor. Elles sont à tout le monde, autrement dit à personne, et comme il n'y a pas de verrou, il faudra vite en sortir pour ne pas s'y laisser surprendre. Cette chambre où nous allons vivre appartient aussi à tout le monde, à personne. Aucune couleur ne lui donne une âme, aucun objet oublié ne suggère une vie de passage. Le plafonnier branlant diffuse sa lumière jaune. Le jour et la nuit ainsi confondus empêchent les glissements de la réalité aux rêves. Cette atmosphère sordide me donne des frissons. Impossible de réunir mon frère et mes sœurs autour de moi pour recréer notre monde. Impossible de chuchoter ou de se pelotonner sur ce lit, dans ces vieilles couvertures de laine râpeuse, ou contre ces oreillers trop plats. Les gorges sont nouées. Mon père, si maniaque habituellement, ne prend pas la peine d'inspecter la pièce. Manifestement, il n'en espère pas plus, et il devra s'en contenter. Il a déjà hissé les valises sur les lits. Des larmes trop longtemps contenues roulent sur mes joues. Le menton de ma mère tremble, ses lèvres se crispent. Elle ne pleurera pas devant nous. Elle ne peut pas me consoler. Mais elle rit lorsque Bruno se retrouve avec le robinet du bidet dans la main. Georges rit aussi, en lâchant un juron en arabe. L'atmosphère se détend. Ma mère vide les valises, lentement, méthodiquement, elle n'a rien d'autre à faire. Elle range les vêtements les plus chauds dans l'unique placard en formica marron. J'essuie mes larmes et sors de la valise bleue quelques-uns de mes trésors. Bruno et mes sœurs se précipitent pour contempler le butin qui a résisté au voyage. Et nous nous amusons de ces bouts de choses que nous nous disputons. Nous leur donnons un nom. Ils seront nos repères, histoire de vivre autrement sur la scène lugubre de notre nouveau domicile. C'est dans cette chambre 12 que nous dormons ensemble, que nous respirons ensemble. Parfois nous pleurons ou nous plaisantons ensemble, sur notre Égypte qui s'estompe, sur ce pays qu'il nous faut oublier, et sur cette France que nous n'aimons pas encore. Si laide soit-elle, cette chambre va pourtant devenir notre refuge ; elle va nous protéger du froid et du monde. Ils nous sont hostiles, pénètrent notre intimité par des cauchemars ou les terreurs nocturnes des plus petits. Nous ignorons tellement la signification des bruits perçus dans le noir ou des rais de lumière qui passent de temps à autre sous la porte que nous n'en parlons jamais. Au petit matin, le jour nous réveille par la moitié de la fenêtre dénudée. Mais chacun traîne au lit, parce que les journées à Paris sont longues et solitaires.

MINOU

# Un exil intérieur

Les derniers jours de mai 1962, je quittai l'Algérie. J'avais douze ans, un père, une mère, une grand-mère, quelques jouets encore, des livres surtout. Une valise de carton bleu marine emportait mes trésors, dont une coccinelle sauvée la veille de la noyade.

Quitter le sol du père, la terre rouge, les jardins opulents, l'ombre frêle des palmiers, la lune suspendue au-dessus de la baie. Fuir la peur, l'angoisse des bombes, les cadavres au coin des rues, les récits d'agressions et de violences au quotidien. S'envoler vers les montagnes vosgiennes, le pays de la mère, de la grand-mère, terre de vacances vertes soudainement étrangère, mystérieuse. Lointaine.

À nous sentir chassés, nous espérions partir, vite, pour cesser de penser, pour repousser la peur, occulter la souffrance. Ne garder dans les yeux que des lignes bleues et ocre pour unique souvenir.

À l'arrivée, des files s'allongeaient dans lesquelles attendre, expliquer, justifier ; montrer ses papiers, dire ses origines, remplir des formulaires sur lesquels peinaient les vieilles mains tremblantes. Nous n'étions pas chez nous ? On ne nous voulait pas ? Nous nous sommes retrouvées devant la gare Saint-Charles. Nous étions devenues des « rapatriées » et nous aurions des droits. Marseille avait une lumière d'Algérie, des ombres de platanes et des parfums d'anis pour attendre le soir et le train vers Colmar. Le vent était si doux qu'il faisait oublier l'angoisse des heures passées. Et ce n'était pourtant que les balbutiements d'un dur cheminement que je ne mesurais pas.

Le matin, au réveil, les Vosges étaient humides, vertes et grises et fumeuses. Les jonquilles grelottaient dans des lambeaux de neige que je ne savais pas. J'imaginais le froid de cette eau qui fondait. Et je voulais partir, repartir au soleil. Ici, le soleil glissait dans un ciel pâle. La rivière était belle. Couchée sur le sol mou tapissé d'herbe grasse, je devinais des vagues, des têtes d'éléphant, des sommets de palmiers dans le grand mouvement des nuages qui passaient. Où étaient mes parents ? Ils m'avaient oubliée ou bien ils étaient morts. De toute façon, j'étais abandonnée.

Quand, un matin, ils arrivèrent, c'était presque Noël et l'été et la fête. Je sautais et criais comme un cabri trop grand. J'étais devenue grande. Août fut un été de vacances dans l'appartement loué par l'usine à son ancienne ouvrière. Il fut meublé des restes que les autres donnaient. La cité était pauvre ; elle roulait dans le vin chaque samedi soir. C'était comme un spectacle fascinant, effrayant. On attendait l'automne et une mutation.

Et ce fut Besançon. Le froid, la ville comme un trou. Il gela dès septembre, de brèves gelées blanches qui couvraient les jardins, les champs et les routes qui nous ont emportés. Une maison vouée à la démolition, pas d'électricité, pas d'eau, pas de chauffage. Maman portait des seaux. Dehors il faisait froid et mon père pleurait quand la peau de ses mains de coiffeur éclatait, dégelant à la pelle les voies de chemin de fer. Je ne l'ai plus jamais entendu être gai.

C'est au mois de décembre que nous avons posé nos meubles misérables dans une HLM des quartiers extérieurs. Lorsque le proviseur m'a décerné les félicitations et le tableau d'honneur, mes oreilles vibraient si fort qu'après mon nom je n'ai plus entendu que mon sang et mon cœur qui battaient mes oreilles. Ne demandez pas pourquoi aujourd'hui j'enseigne le français. Michelle

*Ces photographies sont tirées d'un reportage de Maurice Jarnoux pour Paris-Match publié en 1962. François et Jacqueline étaient deux instituteurs à Arouba (Algérie).*

# Des études à Paris

***Les parents de Ghislaine sont des « déracinés ». Lorsque Ghislaine envoie sa fille faire des études à Paris, elle réalise le chemin parcouru depuis que ses parents ont quitté le village de leur enfance.***

Mes chers parents,

Votre petite-fille suit des études à Paris ; elle en rêvait, elle le fait. Actuellement elle revient toutes les semaines vers sa province, elle est encore entre deux mondes, mais je suppose que bientôt elle va trouver plus confortable de limiter ses allers-retours, de s'épargner ces transitions difficiles. Elle va prendre racine à Paris. Je dis cela parce que je me souviens. Savez-vous que lorsque j'aide ma fille, le dimanche après-midi, à faire sa valise, je revis les émotions de mon adolescence quand, la fin du week-end approchant, il fallait déjà penser au départ ? Il règne dans la maison une certaine fébrilité et la même odeur de linge repassé.

Je ne sais plus bien comment ça vient mais à un moment les trajets deviennent pesants. On se sent un peu mauvaise conscience de négliger les siens mais l'attrait du nouveau est plus fort. Quand on va pour la première fois au théâtre, on rigole d'avoir aimé les bals populaires. Sur les bancs du lycée ou de la faculté, on se sent plus curieux, plus intelligent, alors on reste. On finit par choisir une profession qui permettra de tout concilier : avoir réussi socialement et payer sa dette. On devient alors passeur de savoirs, on aide ceux qui souffrent à retrouver de l'espoir, on essaie de susciter du désir chez ceux qui sont en panne. Et puis, on continue d'aimer la campagne, mais honnêtement, surtout pour les vacances !

Vous êtes fiers des diplômes de vos enfants et vous suivez avec attention le cheminement de vos petits-enfants. Nos réussites, nous les devons tous un peu à votre ténacité. Vous avez tenu bon face aux critiques des gens de la campagne qui, à l'époque, décriaient les intellectuels et glorifiaient les manuels. Vous ne vous êtes pas laissés endormir par la fatalité qui voulait qu'un enfant de classe sociale modeste ne puisse jamais aller au lycée en ville : le certificat d'études ou le brevet, ce sera déjà bien. Vous avez pris le risque des sourires narquois si nous avions échoué. Vous avez surmonté la crainte qu'un jour nous puissions renier nos origines, voire vous mépriser. Vous avez accepté l'idée que nous vous dépasserions. Alors, vous nous avez incités, nous, vos enfants, à faire des études, celles que la guerre et la condition ouvrière de vos parents ne vous avaient pas permis de faire. Et vos petits-enfants poursuivent un chemin ouvert par vous. Vous avez aussi donné le courage du déracinement. Car émigrer à l'autre bout du département comme vous l'avez fait, il y a cinquante ans, c'était une vraie aventure.

C'est un peu de votre expérience qui permet à vos petits-enfants d'oser des études qui les conduisent dans des lieux inconnus et vers des liens nouveaux. Ça fait longtemps que je voulais vous dire ce que je vous dois. Je vous embrasse tendrement.

GHISLAINE

Federico a quitté l'Argentine avec ses parents et sa sœur jumelle en 1974, deux ans avant que la dictature militaire n'impose sa férule à l'Argentine. Miguel, leur père, est violon alto au sein du groupe Cuarteto Cedrón. Leur mère, Lucie, est kinésithérapeute. La famille profite d'une tournée de six mois en France du Cuarteto Cedrón pour s'installer au pays des droits de l'homme...

Federico, à cinq ans, à Buenos Aires.

Miguel, le père de Federico, lors d'une tournée en France en 1972.

# La vie de bohème

## Le fils du violoniste, Paris, 1974

J'habite à Villejuif, une petite ville de la banlieue parisienne dans laquelle il y a un théâtre qui s'appelle Romain-Rolland, comme le jardin d'enfants dans lequel j'allais lorsque je vivais à Buenos Aires. J'ai des souvenirs de là-bas, même si je suis parti à l'âge de cinq ans.

Durant l'enfance j'ai un peu souffert de mon exil forcé. La famille et mes copains me manquaient. En France, la lumière, les odeurs ne sont pas les mêmes. La luminosité de Buenos Aires, son ciel, sont impressionnants. Cela dit, l'automne à Paris est très joli, maintenant j'aurais du mal à m'en passer. Petit à petit on s'y fait, il faut bien. Et puis j'ai eu la chance d'habiter dans un quartier plein d'immigrés ! Lorsque j'étais môme, nous nous sommes installés rue de la Folie-Méricourt, dans le 11e arrondissement, pas loin de la place de la République. Mes copains étaient portugais, espagnols, yougoslaves, italiens, antillais, algériens, tunisiens... et français. Un de nos jeux préférés à l'époque c'était de comparer des mots dans chacune de nos langues respectives, des mots très simples comme gâteau, voiture, téléphone, cheval... Nous riions si fort qu'à la fin nous finissions par nous faire virer de la cour de l'immeuble par la concierge parce qu'on l'empêchait de faire la sieste. Alors, très dignes, nous allions à la boulangerie la plus proche pour acheter des bonbons et nous les mangions assis au-dessus d'une bouche d'aération du métro, l'air chaud nous réchauffant, en plein milieu de la rue de la Fontaine-au-Roi. C'était comme si nous étions attablés à une terrasse de café...

Au printemps on allait traîner au bord du canal Saint-Martin pour chercher des écrevisses. Lorsqu'une péniche passait on la suivait jusqu'à ce que le canal s'enfouisse sous terre. Mais là on lâchait pas l'affaire ; on avait découvert le trajet souterrain du canal ! En fait le canal passait sous les jardins publics qui remontaient jusqu'à la place de la Bastille. Ces jardins étaient jonchés d'espaces verts protégés par des grilles. En leur milieu, cachés par des haies, se trouvaient les bouches d'aération du canal. Alors on passait par-dessus les grilles, on s'égratignait tout le corps en franchissant les haies, et là on saluait les péniches avec des cris et des grands gestes ! C'était magique, les péniches sortaient de l'obscurité d'un coup, elles étaient à plus de trente mètres sous nos pieds, l'écho de nos voix dans ce tunnel nous effrayait. Quand les marins nous apercevaient, ils criaient, de peur que l'un de nous ne tombe. Et nous, leurs voix si puissantes nous faisaient tellement peur qu'on déguerpissait comme des lapins ! Ces bateaux, en fait, nous faisaient rêver. Pour nous, ils voulaient dire voyage, aventure, ailleurs. On se demandait s'ils allaient jusqu'à la mer. Par-delà les mers. Peut-être chez nous, au paradis...

FEDERICO

Le Cuarteto Cedrón
dans un café-concert
de la Boca, à Buenos Aires.

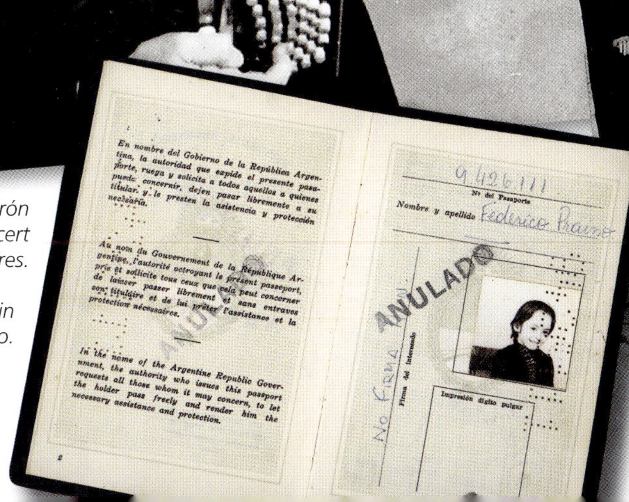

En nombre del Gobierno de la República Argentina, la autoridad que expide el presente pasaporte, ruega y solicita a todos aquellos a quienes puede concernir, dejen pasar libremente a su titular, y le presten la asistencia y protección necesaria.

Au nom du Gouvernement de la République Argentine, l'autorité octroyant le présent passeport, prie et sollicite tous ceux que cela peut concerner de laisser passer librement et sans entraves son titulaire et de lui prêter l'assistance et la protection nécessaires.

In the name of the Argentine Republic Government, the authority who issues this passport requests all those whom it may concern, to let the holder pass freely and render him the necessary assistance and protection.

2

9 426 111
Nº del Pasaporte
Nombre y apellido Federico [illegible]

ANULADO

No Firma
Firma del Interesado

Impresión digito pulgar

Passeport argentin
de Federico.

# Géographie sentimentale...

Ce sont de très longs immeubles qui s'étendent sur des rues entières avec des carrés de gazon au milieu, des parkings et un centre commercial. Il y a beaucoup de Français rapatriés d'Algérie. La plupart de ces pieds-noirs, mélancoliques, à peine installés, demandent leur mutation sous les tropiques et quittent en attendant la cité pour un autre quartier de la ville. Certaines de ces familles sont restées. Secrètes, elles restent chez elles, barricadées, comme si elles craignaient un danger. Nous avons aussi des voisins italiens, d'autres portugais, et des compatriotes venus de provinces lointaines, plus pauvres encore que la nôtre.

Autour c'est la campagne, les prés, enserrés de fils barbelés. L'herbe y est tendre avec des brassées de boutons d'or et de marguerites. En maillot de bain, on se faufile dans les trous du grillage. Les enfants traînent dans la rue, dans les bois, sur la route. Les mères, ménagères, s'affairent à l'intérieur, les pères s'usent à l'usine. Les sœurs aînées s'en vont dîner en ville, et quittent le foyer. Les jours se suivent et se ressemblent. Le gazon jaunit à vue d'œil. Le cœur n'est pas à la fête. D'ailleurs personne ici n'a pensé à organiser ni Fête-Dieu ni cavalcade. Personne ne revendique son œuvre, comme si ces concentrations n'étaient pas le fruit d'une volonté politique, comme si ces mornes bâtiments plantés à la va-vite, dans la campagne fertile, n'avaient pas été conçus par des architectes.

Au bout de la route bordée de platanes, il y a un camp pour les gitans. Ils observent de loin, dans la forêt, les pêcheurs d'écrevisses et les baigneurs. Lundi, ils redeviendront les maîtres des bois et des rivières. Au nord, la campagne s'étend, immense, avec des fermes et de grandes maisons aux arbres centenaires. Vers la ville, il y en a de plus petites, aux fenêtres grandes ouvertes, avec des cadres de bois ornant les murs et des tapis d'Orient posés sur le parquet ciré. Un chat dort au soleil sur l'allée du jardin. Impossible bonheur, à portée de la main ! Elle doit être heureuse, cette fille de la classe qui peint si bien à la gouache. Je m'applique de toutes mes forces avec mes peintures à l'eau et n'obtiens qu'un pâle et vague paysage. Je voudrais tellement moi aussi réaliser de belles choses. Je récite bien, je n'ai plus du tout d'accent. Un jour on reviendra chez nous. En attendant, tout le monde déménage autour de nous.

Notre vie, l'enfance, a continué là. Parmi ces vies d'exil, de parias, de familles aux prises avec des difficultés de toutes sortes. Il en arrivait toujours, et toujours plus démunies. Toute la misère de la région et du monde convergeait vers la cité.

ESTHER

Un jour comme tant d'autres, un jour ordinaire, une porte a claqué trop fort. J'étais entourée de bruits rassurants, les enfants lapant leur lait le matin comme des chiots, leur respiration la nuit, leurs rires au petit matin… Il nous arrive parfois, à nous, femmes, d'oublier que l'on existe autrement. Sur quoi s'est-elle ouverte cette porte claquée trop fort ? Sur moi et sur toi certainement : tu as entrevu la femme amoureuse qui a ignoré volontairement la femme qui a souffert de son exil, la femme meurtrie à force de taire ses révoltes. Mais il est temps maintenant que tu me vois telle que je suis. Longtemps j'ai eu peur que ma vie bascule si j'en disais trop. Pourquoi me révéler autre ? Parce que je ne suis pas d'ici, mais je commence à l'être peu à peu, à petits pas ; parce que c'est la première fois que j'ai établi ma « géographie sentimentale » dans ma ville et cela grâce à toi, qui m'as ancrée ici par les racines du cœur.

Je suis née en Europe de l'Est où j'ai grandi et me suis formée intellectuellement. Je suis arrivée en France à vingt et un ans pour continuer mes études et fuir un début de démocratie balbutiant qui ne me rassurait guère. J'étais à Bucarest lorsque des « gueules noires », vraies ou déguisées, m'ont reçue sur le seuil de ma faculté avec des sourires niais et des battes de base-ball étonnamment neuves.

Si je devais choisir une couleur pour désigner mon pays, ce serait le noir, si c'était un moment de la journée, ce serait la nuit. Les sensations, les souvenirs les plus tenaces sont liés au froid, aux longs hivers sans chauffage, mes parents et moi emmitouflés, le nez rouge, grelottant parfois comme des bêtes.

Mon arrivée en France ne fut pas le passage de l'ombre à la lumière tel que je le croyais. Les premières années ont été obscurcies par des passages obligés dans les couloirs si froids des administrations où chaque année il fallait obtenir le sésame du séjour. Le bureau des étrangers, l'antichambre de l'Occident, rassemble dans certaines préfectures toute la misère du monde, c'est un espace d'attente interminable, kafkaïen.

Là, je me suis sentie méprisée… Là, il n'y a plus de différence entre mon pays d'origine et celui où je vis. Des papiers, et encore des papiers ; on a envie de les brûler tous. Le courrier administratif retrace toute notre vie. On se fait un but de l'obtention d'un simple carton plastifié et le jour où on l'a entre les mains, malgré le soulagement, on ne ressent rien, on est vidé, il ne nous représente pas. Les enfants ne t'aident non plus à prendre racine, car leur histoire, dès leur naissance, leur appartient, elle n'est que partiellement la nôtre. Nous sommes en partie leurs racines, les nôtres sont ailleurs.

ELENA



*Florence, Paris, 1955 (Photo E. Boubat).*

J'aime les soirs d'hiver. À la moindre occasion, je sors. À six heures du soir, mon grand col de lapin autour du cou, je descends le boulevard, je suis chic… je suis française.

Nous sommes en novembre 1966, j'ai bientôt dix ans et cela fait trois mois que nous avons quitté la Yougoslavie. Nous ne parlons pas français et à Nice nous ne reconnaissons personne. À l'école nous n'avons pas encore d'amies, ma sœur jumelle et moi. Depuis septembre, nous sommes dans une classe de transition à l'école de filles de Saint-Barthélemy. L'école, c'est pour nous une source d'étonnement permanent. Pourquoi, en France, sépare-t-on les filles et les garçons ? Pourquoi, en cachette, les filles roulent-elles leurs jupes à la taille pour les raccourcir ? La maîtresse nous montre en exemple, mes camarades ricanent… Pour elles, nous sommes de drôles de créatures : comment se fait-il que nous ne sachions pas lire correctement alors que nous sommes bonnes en calcul ? Et en récitation ? Nous apprenons pas cœur nos poésies mais on voit bien que nous n'en comprenons pas un mot. Mais nous n'intéressons personne. On a bien compris que les Français ne connaissent pas la Yougoslavie. Quand nous disons que nous sommes yougoslaves, on nous parle de Prague ou de Budapest, parfois même on nous dit quelques mots en russe.

Mes parents non plus ne connaissent pas encore de Français. Dans l'entreprise de menuiserie où travaille mon père, seul le contremaître est français. Les collègues de mon père s'appellent Vido, Andrès ou Lharbi et, comme nous, ça ne fait pas longtemps qu'ils sont en France.

Avec ma sœur on aimerait avoir plein d'amis français, mais dans notre immeuble, les portes restent désespérément closes et ma mère dit qu'en France les enfants ne jouent pas dans la rue. Heureusement, depuis peu, nous avons découvert un endroit merveilleux. C'est une colline en pleine ville. À part le dimanche, il n'y a jamais personne mais des fleurs partout, de toutes les couleurs : c'est notre nouveau royaume, c'est le grand cimetière de Cessole. Nous y venons presque tous les jours, nous y inventons toutes sortes de jeux, nous nous sentons de nouveau, pleinement, totalement libres. Et puis, surtout, c'est là que nous avons rencontré Jean.

Il a trente-huit ans, il est beau, il sourit. Nous venons le voir souvent, nous parlons avec lui car nous avons beaucoup de choses à lui confier et il nous comprend. C'est notre nouvel ami. Son nom complet c'est Jean Behra, il est champion de France de course automobile. Sur sa tombe il est écrit : « Mort en compétition le 1er août 1959 à Berlin » et aussi : « Il a payé de sa vie ce qu'il aimait ». Jean Behra, c'est notre premier Français.

BLANCHE

LA CIGARETTE DE MON PÈRE - LA MORSURE DE L'EXIL - L'APPEL DE LA TERRE - ILS ÉTAIENT TROIS ENFANTS - L'EAU DES SOUVENIRS - PASSEURS DE MÉMOIRE - NOS PAYS SONT EN NOUS

# RETOURS

*Les saumons ont besoin de revenir au plus près de la source de la rivière qui les vit naître pour y projeter leur descendance, pour y mourir en paix après avoir donné la vie... Vous éprouvez cette même tentation. Dans votre trajectoire humaine, l'aval et l'amont pourraient avoir tendance à vouloir se rejoindre, mariant les eaux de l'embouchure à celles de la source... Velléité de boucler la boucle. Tentative d'un retour sur images. Qu'elle soit réelle ou virtuelle, réussie ou avortée, cette tentation du retour vous obsédera tôt ou tard, ne serait-ce que pour en avoir le cœur net, pour savoir si vos images d'enfance ou de petite enfance relevaient du mythe ou de la réalité perdue...*

*Vous êtes de toute façon le fruit des déracinements, des transhumances, des migrations, du brassage de vos proches et de vos ancêtres. Dans votre errance nomade, en naviguant dans leur sillage, vous transmettez leur héritage. Ils enracinent votre avenir. Vos yeux brillent de la trace de la lumière qui les prolonge, bien après leur disparition.*

*Portugal, 1964 (Photo B. Barbey).*

*Oublier par-dessus tout l'incessante mesquinerie de ceux pour qui le monde s'arrête au bout de leur pré.* CLAUDE

*C'est ici que je viens mourir.*
*C'est ici que je viens renaître.*

Michelle

En 1960, Éric est encore dans le ventre de sa mère, Yvonne. Sa famille, qui vient de gagner au Loto, quitte le Maroc avec ses deux frères pour s'installer à Toulouse. Mais une fois arrivés en France des revers professionnels obligent son père, Marcel, à exercer son métier de prothésiste dentaire à Chambéry, loin de sa femme et de ses trois enfants.

Marcel en 1937.

# La cigarette de mon père

## Paris, 2004

Assis à la table de la cuisine, à la fin du repas, mon père fumait toujours une cigarette en regardant le ciel, au-dessus de moi. Moi, j'avais la vue sur le frigo, derrière lui. Ma mère, elle, était en bout de table, près de la cuisinière, pour apporter les plats. Tous les midis, on déjeunait sur la table en formica bleu, en écoutant les jeux radiophoniques sur un transistor Radiola. On devait être au printemps ce jour-là parce qu'il faisait bon, il y avait de la lumière qui inondait la cuisine et les platanes avaient leurs feuilles vertes. Mon père, en fumant sa cigarette, continuait à regarder au loin, au-dessus de moi, quand soudain il a laissé échapper une phrase dans un souffle de fumée. Il parlait de leur vie qui était restée là-bas et des amis qu'ils avaient perdus. Une drôle d'expression flottait sur son visage à travers les volutes de la cigarette. Il semblait regarder quelque chose que je ne pouvais voir. Ma mère a débarrassé la table pendant que la radio diffusait des publicités. Moi je ne disais rien. Un abîme s'ouvrait soudain devant moi. Mes parents avaient vécu toute une vie avant moi, et cette vie, ils la regrettaient. Je n'en connaissais rien d'autre que des anecdotes racontées durant les repas qu'on prenait à la plage avec mes cousins et leurs familles. Rien que des noms sur des photos en noir et blanc entassées dans une boîte, au fond d'un placard. Des noms que je n'arrivais pas à retenir. Des noms de villes, des noms de personnes, des liens de parenté. Tout ça sentait la poussière.

J'ai compris ce jour-là que j'avais une préhistoire et que le monde avait commencé sans moi. II y avait tant de choses que j'ignorais. J'ai compris aussi qu'avec mon père et ma mère on n'était pas sur les mêmes continents et que, lentement, ils continuaient leur dérive.

Plus tard je suis allé sur cet autre continent, de l'autre côté de la Méditerranée. J'ai interrogé les lieux, j'ai voulu voir les lumières et sentir les odeurs. J'ai voulu voir les maisons, les souks, les jardins, les rues, les milk-bars dont j'avais entendu parler. J'ai demandé à retrouver l'adresse où ils avaient habité, mais le nom de la rue avait changé. J'ai cherché les paysages que j'avais vus sur les photos en noir et blanc. Je suis allé au bord de la mer, regarder l'autre côté de la rive. Je ne reconnaissais pas très bien les endroits. J'en ai retrouvé quelques-uns, enfin je crois. J'ai passé des après-midi entiers à boire des thés à la menthe, à l'affût de visages familiers parmi les gens qui passaient.

J'ai cherché des fantômes dans ce pays que je ne connaissais pas.

J'ai pris des photos pour me souvenir, comparer, garder des traces.

J'ai essayé de rassembler les pièces du puzzle qui me manquaient.

Mais il reste toujours des vides.

Alors j'ai regardé à nouveau les photos en noir et blanc de la grosse boîte blanche qu'avait gardée mon père. J'y ai trouvé des images que je ne connaissais pas. J'ai vu ma mère jeune et belle, et c'était pour moi une étrangère. J'ai vu mon père avec ses copains de régiment, ou avec sa belle moto, c'étaient des souvenirs qui ne m'appartenaient pas. J'ai essayé de retrouver les noms des tantes et des cousines que je devinais sur les clichés, mais là encore, rien ne venait.

Trop tard pour interroger mes parents. Leur continent s'était éloigné pour de bon. Je restais seul avec les images étalées devant moi, comprenant qu'il resterait toujours des pièces manquantes à mon puzzle. J'ai rangé les dernières affaires qu'avait laissées mon père à la maison de retraite : des vêtements chauds, des chemises, des pantalons, des affaires de toilette. Son pyjama et ses pantoufles qui avaient gardé la forme de ses pieds. Ses papiers d'identité, son portefeuille, ses clefs, un peu d'argent. Un paquet de Camel sur la commode, près de la fenêtre. II avait à peine eu le temps de l'entamer. Alors j'ai pris une cigarette et je l'ai fumée en regardant le ciel.

ÉRIC

*Yvonne à Oran*

*Les copains du régiment*

*Dans les rues de Rabat*

*Yvonne*

*Rue de l'Ourcq à Rabat*

Marcel, le père d'Alain, était ingénieur au Service des eaux de la ville d'Alger. Il appartenait à une vieille famille alsacienne installée en Algérie en 1850. Marie-Louise, sa mère, était une fille des Aurès. Lorsqu'il quitte l'Algérie en 1963, avec sa mère et sa sœur, Alain a presque seize ans. Sa famille va s'installer dans la région de Périgueux.

*Alain, rue d'Isly (Alger), en 1949.*

# La morsure de l'exil

## Paris, 2004

De l'Algérie, il fallut finalement n'en retenir que la trace, ce qu'elle avait laissé au plus rivé de soi-même et qui toujours tarauderait, prendrait une place démesurée, indélébile. Une sorte d'occupation constante, qui n'en finirait plus d'assiéger et d'appeler. Ce serait ainsi que l'Algérie devrait continuer à vivre : à l'intérieur de soi et sous la chair. Elle se faufilerait à l'insu de soi, dans de tout petits gestes et dans des manières autres de voir, on la devinerait à des mots lâchés, à des éclats de rire, à des violences soudaines, à la ferveur, qui est peut-être la plus grande leçon de ce pays, à sa façon d'admirer. Aux pleurs aussi. La trace donc. Il y aurait eu d'abord la brûlure, la lumière forte, électrique, qui fait un halo tremblant autour de chaque chose, la sauvagerie vécue de cette terre mais qu'apaisent la douceur de ses rivages, la mer vaste, bleue, très peu ourlée d'écume, qui entre dans la baie d'Alger, l'épouse littéralement.

L'exil ressemble aujourd'hui à cette impression de détachement des choses, à ce qui pourrait être ou ne pas être, à la fragilité reconnue des instants. Il garde toutefois un point lumineux, doré, encore et toujours perceptible, celui de l'icône. Cette Algérie que l'abandon me fait revoir poétiquement, comme une histoire ratée et qui toutefois me remplit et me nourrit.

Les jours s'enfilent les uns aux autres avec une rapidité que le temps s'acharne à précipiter. Comme pour faire tout oublier, pour faire basculer les jours anciens dans ce grand trou de mer où jadis je vis Alger s'engouffrer. Mais la force des exils et aussi d'Alger, ma ville, c'est de maintenir l'icône rayonnante de ses ors. Image sacrée qui veille et qui témoigne d'un lieu traversé de guerres et d'abominations, de misères et de souffrances, depuis l'Antiquité, et qui détient toujours, en dépit de cela, le don des germinations. Image inlassablement ressentie comme un point fixe de vérité, un point de référence qui, au début du monde, dans sa jeunesse, a reçu des dieux, en guise de baptême, le pouvoir de témoigner de leur certain passage.

ALAIN

*Sur le quai du port d'Alger*

*Tipisa, 1950*

*Alain et ses parents sur la route de Sidi Ferruch.*

*Tipisa, 1950*

*Baie du Mont-Saint-Michel,*

# L'appel de la terre

***Isabel a l'art de raconter sa trajectoire de déracinée. Derrière la force, derrière le chant de ses mots, on devine le timbre de sa voix, l'éclat de son regard : petite fille, jeune fille, amante, mère, femme insubmersible. Isabel est une force en marche. Sa prose est un fado : mélange de peines, de joies, de détresses, de petits bonheurs, de nostalgies et de triomphes.***

Cela fait presque trente-trois ans que le Sud Express nous a laissés sur le quai de la gare d'Austerlitz. Cela fait trente-deux ans que je fais le chemin du « retour ». Dans les deux sens : retour à la source que l'on m'a obligée à quitter à l'âge de treize ans et demi et retour vers la vie que j'ai choisie adulte. Comme les hirondelles, je fais partie d'un peuple migrateur. Il n'appartient qu'à lui-même, par-delà les frontières et les nationalités de papiers tant recherchées. Dès l'arrivée du printemps je commence à sentir cette force irrésistible. Tous les ans je dois humer « ma » terre, palper l'air des rizières, des chênes-lièges, écouter le chant des cigognes et me sentir tout entière appartenir à ce tout. Comme si j'étais happée par ma nature dans un mouvement sacré et mythique de reconstruction personnelle, de retour vers ma naissance… Après la source, tous les ans je veux revenir chez nous, dans notre petite maison à Athis-Mons, et continuer la route que j'ai choisi de prendre. Je puise à ma source, tous les ans, l'énergie pour poursuivre ma route, en paix et en harmonie, au pays de Voltaire, Hugo et Baudelaire. À l'aller j'ai le sentiment d'être happée par le bonheur des retrouvailles à venir. Au retour je porte en moi la cassure, le poids des pleurs des séparations, des abandons et de la crainte de la mort possible de ceux que je laisse et de la mienne. En train, en voiture, en bus ou en avion, seule ou avec ma famille, je traverse cette frontière qui est en moi. Dedans, dehors. Comme les carreaux blancs et noirs d'un pavé mosaïque, joints par une ligne blanche, ce lien-séparation se révèle dans toute sa lumière, là, à la frontière entre l'Espagne et le Portugal. Une émotion étrange, sacrée, m'envahit. Ce n'est pas du nationalisme, pas plus qu'une quelconque appartenance politique, sociale ou culturelle. Non, c'est un appel de la terre, comme si j'étais physiquement reliée à elle. À l'endroit précis de ma naissance, tous mes démons et tous mes anges du passé me reviennent, blancs ou noirs. Le retour porte en lui une part de magie. La distance du temps et de l'espace atténue d'une année sur l'autre les heurts du passé. Elle gomme en moi les dualités, les oppositions. Le retour est pour moi une acceptation du temps qui passe et de la distance qui sépare et rapproche à la fois. Ce qui demeure et croît d'année en année, c'est ce lien sensible et sensuel qui m'unit à « ma terre ». Mon corps est une partie de cette terre, un petit jardin où l'amour, la tendresse et la douceur s'entrelacent avec la puissance, la force, la rébellion et le goût pour le combat et l'exubérance de la fête et de la fantaisie. J'aimais, et j'aime toujours, ces rencontres de quelques minutes sur les aires d'autoroute, aux pompes à essence, dans les bois ou forêts qui jouxtaient les routes du retour. Nous nous reconnaissons entre membres du même peuple migrateur.

Isabel

Ils ont tous les prénoms du monde. Chaque année, quelques dizaines d'adolescents viennent suivre les cours de Christine, professeur de français langue seconde au collège Jean-Moulin de Poitiers. Ils ont entre onze et dix-sept ans. Ils sont tous issus de l'immigration et représentent vingt nationalités. Certains sont sans famille et sans papiers.

*Miguel, Oxana et Pierre, à Poitiers, en 2005.*

# Ils étaient trois enfants...

## Angola, Moldavie, Tchétchénie – Poitiers, 2002

Mon père et ma mère étaient des commerçants de la province de Cuonga-Norte en Angola. Un jour, ils sont partis en voyage et leur train a été attaqué par les troupes de l'Unita pour voler les biens alimentaires qu'il transportait. Après avoir tout pris, les soldats ont enfermé les voyageurs dans le train et ils y ont mis le feu. Quand on a annoncé cette information à la radio j'étais à la maison. Le gouvernement a mis des bus à la disposition des familles pour se rendre sur place. Là-bas je n'ai pas retrouvé mon père. J'ai pu reconnaître le corps de ma mère parce qu'elle portait un anneau au doigt. Mais elle avait le visage tout brûlé. La vie a commencé à être très difficile pour moi et pour ma sœur. La maison où on habitait était en location et un mois après la mort de mes parents on a été mis dehors. Une fois dans la rue on a commencé à mendier. Un jour ma sœur a été emmenée chez les religieuses. Je n'ai jamais pu la revoir. Je vivais dans la rue et j'ai commencé à travailler comme livreur.

Je viens d'un pays où demander pardon n'existe pratiquement pas. Où nous avons tous l'esprit à tuer. Parce que tuer, dans mon pays, c'est comme couper une fleur, ce n'est pas plus grave. Moi-même, si quelqu'un me faisait mal ou m'insultait, j'avais l'esprit à tuer, à blesser…

Monsieur M. m'a recueilli dans la rue. J'ai vécu plusieurs mois avec lui ; j'ai commencé à changer. Il m'a appris les bonnes manières, la façon de parler aux gens, le pardon. Il m'a appris à ne pas répondre aux insultes, à respecter les autres, à ne plus employer de gros mots, à me présenter devant les gens. Avec lui j'ai commencé à croire que je pourrais avoir une maison, un jour.

Quand Monsieur M. a eu des ennuis avec le gouvernement, il a décidé de partir en France avec sa femme et ses enfants. Et je les ai accompagnés.

Dans le train, entre Paris et Poitiers, je me suis endormi.

Quand je me suis réveillé, ils n'étaient plus là.

MIGUEL

Il y a treize mois que j'ai quitté mon pays, la Moldavie, pour fuir la pauvreté et pour venir vivre en France. Nous sommes partis un vendredi soir avec mon père et ma mère. Le voyage a été long. Il faisait nuit. On est montés dans le camion d'un copain de mon père qui partait en France. J'ai commencé à pleurer. J'étais malheureuse de quitter mon pays où j'avais passé les quatorze premières années de ma vie. Mes parents m'ont serrée dans leurs bras. Je me suis endormie. Le lendemain on est arrivés à une frontière pleine de policiers. On n'avait pas de papiers : ils nous ont obligés à faire demi-tour. Dans la nuit, on a passé la frontière à pied, en cachette, en faisant un grand détour. Et on a passé beaucoup d'autres frontières à pied ou avec le camion… La dernière frontière a été la plus dure à franchir : il fallait traverser une rivière. Mon père est entré le premier dans l'eau. Après, ça a été mon tour. L'eau était gelée et m'arrivait à la ceinture. Ma mère me suivait et me parlait tout doucement pour me dire que tout allait bien. J'ai cru que j'allais mourir de froid. Comme dans le film *Titanic*. Mais ensuite je me suis réchauffée dans le camion. On est arrivés quelques heures plus tard à Poitiers. La ville me semblait bizarre mais en même temps je la trouvais belle. C'était plus propre que dans mon pays. L'ami de mon père nous a emmenés chez une vieille dame chez laquelle nous avons passé une semaine. Un jeudi soir mes parents sont partis sans rien me dire. Le lendemain matin, quand je me suis réveillée, et que j'ai demandé à la dame où étaient mes parents, elle m'a dit qu'un homme était venu, qu'il avait parlé avec eux, et qu'ils étaient partis en promettant de revenir bientôt. Je pleurais tout le temps ; je n'arrêtais pas de pleurer. Au bout d'une semaine, la vieille dame m'a dit qu'elle n'avait plus d'argent pour me nourrir et elle a appelé la police qui est venue me chercher. J'ai été emmenée dans un foyer où je vis encore aujourd'hui. Je n'ai plus aucune nouvelle de mes parents. J'espère les retrouver un jour et pouvoir vivre avec eux.

OXANA

*Dessin de Pierre, venu du Cameroun.*

*Dessin de Gentian, venu d'Albanie.*

C'était en 1994. Le début de la guerre. Mon père était au travail et moi je jouais dehors avec des amis. Les Russes ont bombardé l'immeuble dans lequel nous habitions. Ma mère est morte, comme bon nombre de nos voisins. Tout avait été détruit. J'avais huit ans. Nous avons quitté la Tchétchénie avec mon père pour aller vivre en Russie, à Stavropol. Il a commencé à travailler comme menuisier ébéniste dans une usine. Et moi avec lui. Au début, je plantais les clous dorés qu'il fallait ajouter sur les sculptures sur bois. Un peu plus tard, on m'a permis de travailler avec la ponceuse. Vers l'âge de quinze ans j'ai commencé à travailler sur les machines. Je travaillais beaucoup ; de huit heures le matin jusque tard le soir, souvent jusqu'à une heure du matin. Là-bas ce n'est pas comme en France. Il n'y a pas d'horaires. Il faut finir le travail. Le samedi et le dimanche on travaillait un peu moins. Les vacances, je n'ai jamais su ce que c'était. La maison où j'habitais avec mon père appartenait au patron. Il était gentil avec nous. Il retirait l'argent du loyer de notre salaire et il ne nous restait pas grand-chose. Du temps du communisme, les enfants ne travaillaient pas en Russie. Maintenant, ceux qui ne travaillent pas bien à l'école ou n'ont pas d'argent sont dans la rue. Ils boivent.

Quelques jours après la prise d'otages au théâtre de Moscou, mon père a été pris dans une rafle policière. Les Russes sont blonds. Nous, nous sommes foncés… Alors ils arrêtaient n'importe qui après la prise d'otages. Ils ont tué mon père. C'est mon patron qui m'a fait partir. Il a payé pour moi. Je suis parti en minibus avec d'autres personnes. Le voyage a duré une semaine. Les passeurs n'étaient pas gentils du tout. Ils m'ont laissé à Poitiers. À chaque moment difficile, je pense que viendra peut-être un jour normal où tout sera bien dans ma vie… EDGAR

# L'eau des souvenirs...

*Né en 1978, fils d'une secrétaire et d'un plombier, Pierre a passé son enfance à Clermont-Ferrand. Après avoir étudié à Grenoble puis à Rennes, avec un entracte de deux ans où il est revenu exercer le métier de libraire dans la ville de son enfance, Robert vit aujourd'hui à Quimper.*

« Clermont-Ferrand, deux minutes d'arrêt. Correspondance pour Lyon-Pardieu, quai numéro... » La voix du chef de gare vient de retentir dans le wagon, me tirant d'un profond sommeil. Le voyage a été long depuis le Finistère, comme toujours. La nuit commence à tomber, je suis enfin arrivé en terre natale. Le temps de prendre mon sac qui pèse des tonnes et de sortir du train, je me suis retrouvé sur le quai de gare, respirant les restes de cette froide journée de décembre. J'ai quitté la maison il y a douze ans. Encore proche de mes parents jusqu'au lycée, mais interne et déjà trop loin. Puis un peu plus loin, à Grenoble, l'année de mes dix-huit ans; j'ai découvert les joies de la vie étudiante, de la fête et des rencontres. Je vis maintenant à Quimper, encore un peu plus loin de mes proches. Toujours plus à l'ouest.

Ce soir, je comprends mieux pourquoi maman a toujours été frileuse à l'idée de venir me rendre visite à l'autre bout du pays. Avait-elle jamais accepté que je parte? Avait-elle eu peur de me montrer qu'elle approuvait cette distance qui nous séparait? Je la comprends, même si j'ai pesté contre ça, en pensant que je n'intéressais plus ma mère. Je me sens prisonnier d'un endroit. Heureux, mais un peu prisonnier quand même. À cet instant, attendant maman qui n'en finit plus d'arriver, j'ai la conviction profonde que je reviendrai un jour vivre ici. Pour partager tout ce j'ai manqué jusqu'à présent. Le temps perdu, les moments de bonheur à côté desquels on passe... J'ai toujours aimé l'Auvergne. Parce que c'est ma région, que mes proches y ont bâti leur existence. Et parce que j'aime les gens qui peuplent cette terre. Rudes, abrupts, entiers. À l'image du relief, du climat. Quand j'ai décidé de quitter le navire il y a des années, c'était aussi une façon de me rebeller contre les « imbéciles heureux qui sont nés quelque part », comme le chantait avec justesse le grand Georges, dont la voix avait bercé mon enfance dorée. En repensant à tout ça, je me revois, adolescent, marchant dans les bois de Haute-Loire avec mon père et la chienne, en quête de quelques cèpes ou girolles qui parfumeront le gibier mijotant dans une marmite, sur un coin du fourneau à bois. Ou avec ma mère, déambulant dans les ruelles de Clermont. Je sens son parfum délicieux, celui de mon enfance... Quelques années plus tard, on se rend compte combien elle compte dans notre existence, cette mère. D'abord parce que c'est elle qui nous l'a donnée et qu'on a passé beaucoup de temps auprès d'elle, qu'elle nous a appris qu'il faut aimer, respecter les autres et toujours offrir le meilleur de soi-même, dans tout ce qu'on entreprend. La seule qui ne vous quitte pas et qui, quand vous êtes malade, maux du corps ou du cœur, sait réconforter, par sa présence. Ma mère m'a donné tout ça, et bien plus.

Un klaxon me tire de mes songes. Elle vient d'arriver et me fait de grands signes pour que je me presse: plusieurs voitures attendent derrière elle. Je m'assois à ses côtés. Et toujours ce parfum qui me rattache à mon enfance. « Tu m'as manqué, maman. »

PIERRE

*Juillet 1962: Tatiana se rend à Moscou. Elle y retrouve sa mère, Natacha, qui a 76 ans et n'a pas revu sa fille depuis trente et un ans. Elles n'ont pu correspondre que par la voie épistolaire, ou plus rarement encore par téléphone, avec une longue interruption entre 1938 et 1945...*

C'est la fin de juillet, un jour ensoleillé et plein de promesses. Deux jeunes femmes, la quarantaine, l'air inquiet, accompagnées d'une amie, gravissent les marches de pierre d'un immeuble du 26, rue Dounaïevska.

Elles s'arrêtent au premier étage, à gauche... Une seule sonnette pour trois noms. Trois familles se partagent cet appartement; chacune a son code: un, deux ou trois coups. C'est un appartement collectif, comme il y en a alors des quantités dans les grandes villes de l'URSS. La guerre a fait des ravages, les campagnes sont abandonnées pour la ville pourvoyeuse de travail... et l'habitat n'a pas suivi.

Les appartements abritent autant de familles qu'ils contiennent de chambres. Par chance, au premier étage du 26, il n'y en a que trois.

L'émotion, l'anxiété étreignent les visiteuses. Elles viennent de France et vont rencontrer leur mère, après trente et un ans de séparation. Par un heureux concours de circonstances, elles sont arrivées à Moscou avec un jour d'avance sur la date prévue... Elles sonnent trois coups, le code pour Natalia Mouromtseva. L'attente ne met pas les nerfs à l'épreuve. Bientôt des pas se font entendre de l'autre côté. La porte s'entrouvre, une silhouette apparaît, une dame aux cheveux blancs nous invite à entrer dans sa chambre: une petite chambre sommairement meublée et, selon les heures, chambre à coucher, salon ou salle à manger. On s'étreint, on se regarde, on se découvre. Dans mon souvenir, maman était une dame brune, de haute taille, dans la force de l'âge. Sur les quelques photos qu'elle nous



*Remy écoute la mer dans un coquillage (Photo E. Boubat).*

avait fait parvenir, elle avait encore une belle prestance et beaucoup d'élégance. Ce jour-là, je découvris une vieille dame que les années avaient affaissée et amenuisée. C'est donc ma mère. Je peux la toucher, l'embrasser, lui parler ! Inimaginable !
Pour elle, l'étonnement est plus frappant encore : devant elle se tiennent les fillettes de dix et sept ans qu'elle avait mises dans un train, il y a trente ans ; elles sont devenues des femmes !

TANIA

*Tatiana et sa mère Natacha, en 1962, après trente deux ans de séparation.*

À vingt-cinq ans, j'ai voulu connaître la Pologne. J'ai voulu connaître les marchés russes ; j'ai voulu connaître cette famille dont je ne connaissais que les prénoms. Le folklore, les costumes à rubans et paillettes, les polkas, les poupées russes, les babouchkas, les gâteaux, j'ai voulu rencontrer ces coutumes « pour de vrai »... La déception fut proportionnelle à l'intensité de mes attentes. Je suis arrivée dans ce pays que je voulais rencontrer mais qui ne m'attendait pas, j'ai rencontré la Pologne mais elle ne m'a pas rencontrée... La première nuit, dans le bus, l'émotion de toucher ce sol, la fébrilité de vivre cette histoire dont j'étais l'héroïne. J'ai trouvé les gens tristes, fermés, indifférents. J'avais envie de sourire à tout le monde, d'exprimer ma sympathie, mon bonheur d'avoir renoué avec le pays de mes origines, mais il fallait être à ma place, il fallait vivre entre deux cultures pour connaître cette satisfaction d'arriver dans un pays que l'on a autant imaginé. J'avais enfin trouvé mes racines, mais ce pays n'en était que le souvenir, mes véritables racines demeuraient prisonnières du passé, dans la Pologne des années 1950. J'ignore encore aujourd'hui ce que je transmettrai à ma fille de ses « origines ». La roue tourne et ce qui m'était très proche hier me paraît maintenant très lointain. Il aura suffi d'une seule génération et que je devienne adulte pour que la Pologne devienne un « beau souvenir d'enfant »...

GABRIELLE

***Buzia, la grand-mère de Gabrielle, était une vraie babouchka : petite, plutôt ronde, elle portait très souvent un foulard sur la tête. Elle était arrivée en France, après la Seconde Guerre mondiale, après avoir passé cinq ans dans un camp de travail en Allemagne. Depuis, personne dans la famille n'était jamais retourné en Pologne. Ce n'est que lorsque Gabrielle eut une petite fille qu'elle eut envie de retourner vers sa source...***

Dans ma petite ville française, c'était tout une petite Pologne qui s'était retrouvée. Du boucher au curé, en passant par des instituteurs, beaucoup étaient d'origine polonaise ou s'étaient expatriés. De mes oreilles et yeux d'enfants, c'était tout un imaginaire qui prenait vie dans ma tête. Ma grand-mère parlait un français trop imparfait, trop polonais encore. Qui aurait pu croire qu'elle était en France depuis cinquante ans ? Je n'ai su parler le polonais que des années plus tard. Avec le recul, je regrette qu'elle ne m'ait pas davantage appris cette langue, j'aurais pu parler avec elle, apprendre sa vie, son passé. Aujourd'hui, tout est parti avec elle.
Les traditions polonaises de ces années-là sont demeurées intactes en France ; les gens ont vieilli avec leurs souvenirs, leurs coutumes, leurs recettes « francisées » et la Pologne a continué d'évoluer...
Le pays de mon enfance est un pays qui n'existe plus...

***Évelyne est née en 1946. Enfant, elle a vécu à Monville en Normandie, avec ses deux frères aînés, entre Rouen et Dieppe, entre sa mère, Janine, qui était sage-femme, et son père, André, qui était dessinateur industriel.***

Comme autrefois, je suis descendue là, dans la rivière, laissant sur la berge cinquante ans, n'en gardant que huit. J'ai marché pieds nus dans l'eau froide, cherchant à y voir des poissons comme je cherchais alors. Souvent les pêcheurs du coin trempaient leur ligne par-dessus le pont, mais je n'ai jamais vu, pour ma part, nager le moindre petit poisson, bien qu'il y en ait, paraît-il. Peut-être une fois les vannes ouvertes. J'ai ramassé un caillou dans l'eau, avec des chrysalides de ce qu'on disait être des vers de vase. J'ai appris depuis qu'il s'agit de larves de phryganes. Au loin, j'ai vu se dessiner la masse trapue de la ferme, où nous allions chercher le lait, dans des brocs d'aluminium pour moi, et de fer émaillé blanc ou bleu pour les autres. La bâtisse se tient là, fidèle à mon souvenir, au milieu des prés où paissent de tranquilles vaches normandes. Le chemin qui y conduit traverse encore un autre pont, en brique cette fois, enjambant une seconde rivière. Aussi des haies offrant des baies rouges d'aubépines, comestibles mais sans réelle saveur, que j'aimais pourtant manger comme un rite, « en allant au lait », balançant le broc de l'autre main. Parfois, le broc dans lequel je rapportais le lait n'était pas tout à fait plein. Non pas que la fermière

ait lésiné sur la quantité, mais parce que, en route, il m'arrivait de laper à même le broc le breuvage encore tiède. J'ai toujours beaucoup aimé le lait et l'aime encore.
Plus loin que la ferme, le chemin continue encore, enjambant un troisième pont sur une autre rivière. Mais il m'était interdit d'aller au-delà, jusqu'au lieu-dit « Les 20 maisons », un alignement d'habitations de brique rouge, façon coron, construites en même temps que l'usine, pour loger les ouvriers.
J'étais debout, pieds nus au milieu de la rivière, à regarder, à me retrouver, à comparer… Mes chaussures, accrochées ensemble par les lacets, étaient jetées sur mon épaule, et je tenais dans la main un pan de ma robe relevé assez haut. Tout à coup j'ai vu un homme entre les branches, il s'inclinait au-dessus de l'eau, accoudé à la rambarde du petit pont. Il me regardait, mi-étonné mi-amusé. Brusquement, mes cinquante ans laissés à terre m'étaient rendus, je retrouvais mon âge et j'étais ridicule au regard de cet homme ! À quoi bon vous expliquer, Monsieur Que-je-ne-connais-pas, vous qui peut-être habitez cette maison où je suis née et ai vécu certaines années avant vous, que je suis tout à fait à ma place dans cette rivière. Que ce n'est pas la première fois que j'y mets les pieds, j'y mettais même les fesses et, que,aujourd'hui, je suis venue me retremper dans l'eau des souvenirs. ÉVELYNE

***Bruno est Nantais. Il est né en 1958, d'un père chaudronnier et d'une mère couturière. Après avoir été comédien à Nantes, Bruno s'est retrouvé au chômage. Il est venu vivre à Paris, mais a très mal supporté la capitale… Aussi a-t-il quitté la France en 1981 pour l'Angleterre et les petits jobs : serveur dans un restaurant, bibliothécaire à mi-temps lorsqu'il ne travaille pas dans l'agence de traduction qu'il a fondée, il joue de temps à autre dans des petits rôles pour la télévision.***

Londres, septembre 2004
Ma très chère Matrie,

Je me décide enfin à t'écrire.
Pourtant j'ai longtemps refusé de même penser à ton nom. Je voulais t'oublier. Et puis avec le temps on devient plus acceptant. On oublie les querelles et les trahisons. Je me suis souvenu de toi comme je me souviens parfois d'amants anciens. Je dois me résigner, tu fais partie de ma vie. Et je fais partie de toi. Je ne suis pas très fier de t'avoir désavouée de la sorte, mais que veux-tu, il faut bien parfois reconnaître ses fautes. Je t'ai tant aimée enfant avant de te haïr adolescent. Peut être pour mieux oublier la douleur de l'exil. Longtemps je me suis déguisé pour t'échapper, pour ne plus te ressembler. La honte de toi lorsque tu te réveillais souillée les lendemains de folie électorale. Je ne voulais pas appartenir à ça. Je voulais me fondre dans d'autres mondes, loin de toi. Je me voulais orphelin pour que d'autres m'adoptent. Je voulais disparaître comme une ombre dans la nuit étrangère. Caméléon immigrant, je voulais ressembler à ces gens que je croyais mes alliés, me faire aimer d'eux sans conditions. Et voilà qu'après plus de vingt et un ans d'absence je me rends compte que je t'aime.
Ma chère Matrie, il me revient l'envie immense de revenir en toi. D'oublier les querelles et les coups de gueule. De te prendre une fois de plus à pleins mots, d'embrasser ta culture à pleine langue, de t'accepter à nouveau comme un vieil amoureux délaissé qui sonne à votre porte un beau matin sans prévenir. J'ai envie tu me donnes une seconde chance. Je sais que tu m'attends tranquillement. Je sais que tu es belle car sans cesse rajeunie, automne après été, toujours le même souffle de parfums neufs dans les pleins et les déliés de tes paysages.
Le vent de ton océan qui ébouriffait mes cheveux d'enfant a depuis longtemps fait s'envoler les cendres de mes parents dans les rues de ma vieille ville natale. Eux qui te vénéraient, qui ne pouvaient même pas envisager l'idée de t'abandonner. Eux qui pourtant ont été heureux de me voir partir vers mon futur étranger, tout comme les marins de ma famille autrefois qui partaient bien loin pour mieux ramener le mieux vivre dans leurs cales et leurs sacoches.
Je vais te revenir, Matrie chérie, mais voudras-tu de moi ?
Dans le fond, partir n'est pas si compliqué. On part très vite par un petit matin de décembre, aveuglé de bonheur, excité mais la trouille au ventre, enivré de l'idée du nouveau, de la vie différente qui s'ouvre devant soi.
Ce qui est le plus dur c'est de revenir, d'affronter la douce supériorité triomphante de ceux qui sont restés, l'accusation de la défaite, l'échec prévu maintes fois, souhaité presque, le « je lui avais bien dit que »…. Mais nous serons les plus forts, toi et moi, nous les ignorerons, tous ces chiens domestiqués, toi et moi, loups affamés de découvertes exotiques, pauvres et fatigués, certes, mais sans colliers patriotiques, sans honte, sans regrets. Car je sais bien que pendant tout ce temps tu as veillé sur moi doucement, même si je t'ai dénigrée jour après nuit. Je reviendrai plus fort et plus seul mais heureux de te retrouver, de reprendre là où nous avions laissé. BRUNO

*Emma et son fils, Zaco, au retour d'un voyage au Chili.*

***En 1981, à dix-neuf ans, Emma a quitté le Chili, en grande partie à cause de la dictature, et aussi parce qu'elle ne s'entendait pas avec ses parents. Arrivée à Paris, cette étudiante en arts plastiques a dû affronter la noria des petits jobs et a essentiellement financé ses études aux Beaux-Arts en faisant des ménages… Aujourd'hui, Emma a une petite fille de dix ans, Tamaya, et un petit garçon de sept ans, Zaco. Elle est peintre comme le père de ses enfants, qui ont dû apprendre à voler et à naviguer pour retrouver de temps à autre leurs racines chiliennes…***

Le ciel d'hiver se change en ciel d'été. Les voyages commencent. Les allers-retours entre deux cultures. L'enfant apprend à voler. Envie de rester là-bas, sous la lumière étincelante, marcher sur les chemins de terre. Avoir le cœur serré par un petit village entre la cordillère et la mer. Arpenter ces lieux si connus, où l'on ne pourra jamais se perdre… les lieux de l'enfance. L'automne arrive au Chili, il faut encore partir, la vie continue ailleurs. La mère a tricoté des pulls, elle a dit qu'ils sont chauds parce qu'elle y a mis ses caresses. Le père a rempli une boîte avec du miel, des herbes, du manjar, des feuilles d'eucalyptus, du maté… ces petits bonheurs qui adoucissent la distance et qu'il faudra goûter comme des trésors jusqu'au prochain voyage. Les adieux sont tristes, l'enfant regarde la tristesse et ne comprend pas, il s'impatiente, il veut voler encore une fois. Un jour, il fera ce voyage dans un grand bateau. Du Havre à Valparaiso, vingt jours pour traverser les océans et l'enfant comprendra ce qu'est la distance, le temps qu'il faut pour passer d'une vie à une autre… il comprendra la tristesse d'un navire sans port. À Paris, la maison a gardé l'odeur d'un long hiver. Au balcon les fleurs étaient sèches et le sol avait une fine couche de terre et de poussière. Derrière la porte il y a encore les valises, elles se videront peu à peu et après, elles resteront là, à attendre un autre départ. Les valises, symbole du retour pour les exilés, ces valises au milieu d'un salon, d'une chambre, jamais dans une cave, dans un grenier. Avec le temps on s'installe, on pense moins au retour, et les vieilles valises finissent par garder les trésors de la famille, ramenés aussi en exil : le drapeau pour toutes les manifs, le « poncho » du grand-père, des photos jaunies, des coquillages, des vieux jouets, des lettres… Près de la fenêtre, vous regardez les platanes, ces arbres que vous aimez tant parce que c'est eux qui vous apprennent l'arrivée du printemps. Très doucement ils se couvrent de feuilles, en silence ils font l'ombre dans la maison. Ils sont vieux ces platanes, ils étaient là au milieu des entrepôts de Bercy, ils ont connu l'abandon, la casse et maintenant ces survivants ont l'air désemparés parmi les HLM toutes neuves du quartier. C'est toujours comme ça après le retour du pays, la nostalgie s'installe et une lenteur envahit l'âme. Le temps se transforme, cette lenteur est une sorte d'errance, mais errer en pleine ville est trop dur, vous avez l'air bizarre, suspect, vous êtes exclu. Avec l'enfant tout est plus doux. Vous suivez ses pas, il vous guide jusqu'au parc. Cette île verdoyante, aux chaussées pavées bordées de marronniers, vous semble un bon refuge à l'écart de la ville, protégée de la violence, silencieuse, habitée par des oiseaux rares… Vous rêvez un peu. Un refuge, quand même, pour apprivoiser la tristesse, ce mal de vivre. L'enfant vous montre ses « chemins secrets » remplis de pierres, des branches sèches, de monstres invisibles, d' insectes géants. Dans la petite allée, à côté des jeux, il vous dit : « C'est ici où les escargots prennent le soleil », et vous restez là à regarder la lenteur des escargots, à écouter le bruit des feuilles sur la cime des arbres. Vous lui apprendrez les noms de toutes les fleurs, de tous les arbres, de tous les oiseaux Vous serez fière de cet « enfant de ville » qui sait nommer la nature. Des jours à faire le chemin de la maison au parc. Des heures à regarder le temps qui passe, à figer les moments précieux de son enfance à lui. Vous saviez que cette errance devait finir, que cette lenteur avait une durée, que cette marche avec l'enfant avait été le plus beau cadeau de ce printemps. Bientôt la nuit, les gardiens fermeront le parc. Peu à peu vous rentrez dans la ville, l'enfant sur les épaules, vous pressez le pas. Les paysages aimés s'éloignent. Un air doux, presque sucré, envahit la rue. Une jeune fille vend du lilas. Du lilas blanc et mauve pour la maison, pour parfumer ce retour.

EMMA



*Lèche-vitrine boulevard Saint Germain (Photo E. Boubat)*

Lella en Bretagne, en 1948 (Photo E. Boubat)

# Passeurs de mémoire...

*Jean-Bernard est le fils de Parania, l'Ukrainienne, et d'un GI américain tombé sous son charme en 1944 et parti sans laisser d'adresse... Parania a épousé plus tard un homme qui est devenu le beau-père attentionné de Jean-Bernard. Mais Jean-Bernard n'oublia jamais ses racines maternelles. Agrégé d'histoire, inspecteur d'académie, il est devenu l'historien de référence de la communauté ukrainienne enracinée en France depuis plus de soixante-dix ans... Et la mémoire qu'il a pu accumuler en chiffres, en témoignages, en faits et en images depuis quelques décennies nous raconte toute l'émotion de l'Ukraine du troisième millénaire qui retrouve enfin une identité si longtemps étouffée.*

Né en France, coiffé d'un patronyme breveté pure origine et parfaitement intégré comme citoyen dans la République et dans la société, j'ai quelque pudeur à définir mon déracinement. Être déraciné, c'est avoir perdu ses racines et être condamné à périr lentement. Je suis desraciné. Je suis né de la France et de Nulle part. De la France car j'ai été planté sur le territoire national et nourri de racines françaises. De Nulle part parce que ma mère, Parascevia, de nationalité ukrainienne et de citoyenneté polonaise, est devenue en 1946 apatride. Et abandonnée. John, le bel Américain, est reparti. Il n'y a plus de projets lointains. Il faut élever, aimer et vivre avec ce bébé fils de rêves.

J'ai été fidèle au choix de ma mère. Elle avait décidé d'être française : elle a épousé la France et un Français. J'ai marché dans ce chemin et à mon tour j'ai décidé que mes ancêtres étaient gaulois. J'ai appris les rois de France et mon père m'a chanté le Front populaire, la Résistance et la République. Je me construisais en même temps un présent et un passé. Mais pendant que je me taillais avec ardeur des habits de petit Français, j'enfouissais pierre à pierre les traces de mon passé de Nulle part.
Les années passaient et l'enfouissement de ce Nulle part se faisait plus profond et plus décisif. Une mauvaise image de magazine accrochée au mur me sert de référence et guide mon imaginaire secret. Une jeune paysanne garde les vaches au milieu de vertes collines. Ma mère est avare de mots. Elle regarde, montre du doigt : « C'est chez nous. » J'enregistre en silence.
De l'autre côté de la cuisine, le portrait du « petit père des peuples » me surveille d'un œil bienveillant. C'est mon grand-père, a déclaré mon père. Ma mère est bouleversée.
J'assiste aux défilés du 1er Mai juché sur les épaules de mon père. Face à nous, je vois la police. Nous sommes les héritiers de la Révolution française. Je suis français par le mouvement, l'histoire et le fort désir de l'être.
C'est une véritable concurrence que se livrent les deux origines. L'une publique, acceptable et honorable. L'autre peu avouable et secrète. Ma mère est en déficit de paroles. Parfois nous rencontrons des amis, des connaissances (ukrainiens, russes, polonais ou tchèques) au hasard des rues. Ma mère parle, rit, plaisante et je suis effrayé par ces discours inconnus. J'ai honte d'être de Nulle part. Je tire ma mère par ses habits, je veux rentrer. L'école de la République m'accueille et m'accompagne, à travers les humanités, sans hésitation et avec cordialité. J'ai accompli un parcours, je suis français. En 1976, j'accompagne ma mère sur les chemins du retour. L'Ukraine de Brejnev n'est ni riante ni hospitalière. Le choc est rude.
Je parcours les lieux de mémoire, villages, cimetières, églises. On me parle et je comprends. J'écoute les terreurs, les massacres, les famines. Je suis brutalement plongé dans ma mémoire enfouie.
Pendant de nombreuses années, j'ai refusé de voir et de comprendre. Il était très difficile d'affirmer en même temps de manière égale la dualité des origines : c'était trop lourd. À partir de ce moment, il n'y a plus de choix ou d'attente possibles. J'ai besoin d'avancer et d'assumer mes racines occultées. Je serai français d'origine ukrainienne et je construirai pierre par pierre le lien entre les deux espaces. Je porterai vers l'un puis vers l'autre les images et les connaissances qui font si souvent défaut. Constructeur d'histoire, je serai aussi passeur de mémoire.

JEAN-BERNARD

***Marie n'a pas oublié son père mécanicien et sa mère ouvrière. C'est l'école de la République qui lui a permis de sortir de sa condition, de devenir institutrice, chanteuse occitane et surtout écrivain.***

Nous qui n'apparaissons ni dans les compoix et dans les cartulaires, ni dans les écritures des notaires ou les assemblées politiques, nous qui n'avons à montrer ni blason ni château ou galerie d'ancêtres illustres, nous dont les morts ont été remués pour faire face à de nouveaux pauvres, eux-mêmes bientôt fondus dans la terre, est-ce à dire que nous sommes sans ascendants et sans histoire ?
Une mémoire fut transmise, vaille que vaille, s'amenuisant à mesure que passe le temps. Si fragile. Il suffit, pour l'effacer sans remède, d'une oreille distraite, d'une mort brutale, d'un secret, d'une brouille. Elle se délite peu à peu, la mémoire portée par la parole et le souffle qui la profère. Par elle, on ne remonte jamais qu'à ses arrière-grands-parents. Alors, « avant », nous n'existions pas ?
C'est de cet inconnu que je viens. Quand apparaît la mémoire orale, elle me parle de départs, d'émigrations à l'intérieur du territoire. Mes parents, mes grands-parents ont quitté un monde dans lequel ils n'avaient plus d'espérance. Ils ont rompu les amarres pour briser les chaînes de l'aliénation éternelle des plus humbles. Partis des montagnes vers les plaines plus douces, du village vers la ville, de la terre qui colle aux pieds et aux mains vers les bureaux ou les parquets cirés de la bourgeoisie, ils espéraient un mieux pour eux-mêmes et pour leurs enfants. Béni soit l'état civil qui leur donna statut et existence avant même qu'ils ne sachent lire.

Que de croix aux naissances, aux décès, au bas des mariages! Dans ces registres que lisent passionnément les descendants d'aujourd'hui se découvrait un métier, un ancêtre dont on n'avait jamais entendu parler qui quitta ces terres pentues et pierreuses pour les champs horizontaux et les limons de la rivière. Cinquante kilomètres parfois suffirent à faire d'eux des émigrés. Je suis au bout de leurs errances pleines d'espoir. Mes armoiries sont de sueur, de travail, de courage anonyme, de modestes joies. Voilà ma lignée. Comment ne serais-je pas comptable d'elle, tenue d'être l'archéologue d'une poussière de temps où je ne trouve pour comprendre que d'infimes mais précieux débris? C'est eux pourtant qui me construisent. C'est eux que recevront les enfants et les enfants des enfants. Ceux qui partirent avec un maigre bagage m'ont donné une juste mesure du monde, et c'est par fidélité à eux que je suis – farouchement et fièrement – du côté des pauvres, par héritage, droit de naissance et droit du sang.

MARIE

# Nos pays sont en nous...

*Les parents de Marie-Françoise travaillent à Air France. Marie-Françoise est née par hasard à la Martinique. Elle aurait pu naître dans l'un des vingt pays qu'elle va connaître au fil des seize premières années de sa vie, enfant, adolescente nomade, perpétuelle déracinée, ballottée au gré des caprices de la vie professionnelle de ses parents, et hébergée chez sa grand-mère lors des « soudures », des périodes de transition inévitables entre chaque étape. Aujourd'hui, Marie-Françoise est peintre et réalisatrice. Elle fixe sur l'image fixe ou animée ce qu'elle n'a jamais pu fixer dans aucun terroir.*

Au commencement il y a le hasard. Et le hasard est comme le vent. Il aime le mouvement. Comment ne pas se perdre ? 14°5 de latitude nord, 61° de longitude ouest. C'est un fait. Au point de convergence de ces deux lignes, il y a une île, posée, verte, sur les eaux de l'Atlantique. À l'exacte température de ma peau.

Dans sa ville la plus vaste, il y a un bâtiment. Et dans ce bâtiment, des registres. Mon nom figure sur l'un d'entre eux. Année 1957. Encore un fait. Et puis ce bout de film sur lequel une gamine langée comme un sumo fait ses premiers pas. Tête hérissée de cheveux presque blancs. Quelques photographies. Toujours des faits. Des preuves.

J'ai donc bien été, quelques instants, de ce jardin. De son verbe et de son pouls. Peau rassurée, nourrie, bercée par cet air à saveur caraïbe… Mais… Je ne peux, pourtant, dire ou penser que je suis de cette île. L'affirmer serait une imposture. Car, à part ce nom sur un registre et l'écho d'un jardin, que puis-je revendiquer ? Je tombe du corps de ma mère. Voilà un autre fait. Serais-je alors seulement de cette terre-là ? Mouvement. Toujours ce vent. Je ne suis qu'une épiphyte. Roule, roule… Ici. Ailleurs. J'ai souvent froid.

Parfois j'envie les êtres racinaires. Leurs corps encombrés de fixité. Dans leurs albums, les arbres, les maisons et les visages vieillissent dans le calme du papier. Ils sont d'un chemin, d'un quartier, d'une langue secrète et tiède. J'envie, oui, ce piétinement.

Parfois, ces connivences géographiques me glacent. Et toi ? Et toi ? Que valent l'écho d'un jardin, et le froid à demeure dans mes os, contre tous ces territoires affirmés, tous ces souvenirs à passer de bouche en bouche ? Comment avouer que, finalement, au regard de leurs exigences, je ne suis que d'un pays inventé ?

L'île, la vraie, celle que je sens battre en moi, parfois, ressemble davantage à ce dessin, quasi obsessionnel, que je faisais et refaisais, enfant, d'une école à l'autre. On y voyait un button de sable cerné par l'eau. Un palmier. Une case. Et un bonhomme assis qui regardait du côté de la mer. Couleurs vacarmantes. Trait délivré. Mon île a cette invraisemblance. Elle échappe aux mailles des longitudes et des latitudes. On ne peut pas la clouer sur une carte. Et pourtant j'y pense, j'y crois. Le froid dans mes os comme une preuve, un fait, dès qu'elle disparaît.

De temps en temps je crois la saisir dans d'autres regards. Elle flotte sur des eaux grises. Regard de femme ou regard d'homme. Peu importe. Tous ont marché longtemps. Ici, pour eux, n'a été qu'un ailleurs où s'est dilué le pays perdu. Un peu comme un sucre qui fond, il a fini par épouser la forme de leurs corps. Une île en somme. Identique à la mienne. Et ces îles se frôlent, se reconnaissent, rêvent un moment d'un archipel, à l'exacte température de nos peaux. Puis elles s'éloignent. Le froid, à nouveau, comme un fait.

MARIE-FRANÇOISE

*À quarante-trois ans, Michelle, fille unique d'Irène la coiffeuse et d'Eugène le coiffeur militaire, se souvient de l'Algérie et de leur départ en mai 1962. Aujourd'hui, Michelle vit avec Jean-Bernard, le fils de l'Ukrainienne Parania ; et leur parole a le pouvoir de faire revivre l'Algérie et l'Ukraine de leurs parents…*

Mon amie était assise à mes côtés et nous parlions négligemment de nous. Nos origines, notre passé, nos enfances dans le pays voisin nous avaient rassemblées pour quelques jours en Tunisie, ce soir-là, dans un amphithéâtre livré à nos musiques européennes.
« Il faut admettre que nous venons d'un pays qui n'existe plus. »
Les mots sabraient le plaisir de la nuit. Éclairs déchirant le silence installé au long de toutes ces années. Écho éveillé que se renvoient encore les murs de mes pensées.
« Un pays qui n'existe plus. »

Mon pays, mon enfance, la coquille de Moi n'existent plus ? Elles n'existeraient plus, les rues poussiéreuses qui couraient vers la mer ? Ils n'existeraient plus, les amandiers en fleur, le puits dans le jardin ? Elles n'existeraient plus, les algues sur la plage, les ombres de la place, les trottoirs si larges à nos jeux d'enfants ? Les vagues et les écumes, les chairs orangées des oursins mangés à même le sable ? Les villages, les écoles, les places ombragées et la lune toute pleine dressée au-dessus de la baie ? Les repas de famille à l'ombre des glycines, les courses des enfants, les parfums de jasmin ?
Et ceux qui sont restés, à jamais endormis dans la terre travaillée par leurs mains ? Les pierres du cimetière clôturé par le ciel, au-dessus de la mer ? Tous ceux qui ont lutté et souffert, quelles que soient les idées pour lesquelles ils sont morts ? Les corps torturés, démembrés, découpés, tous ces cris de la vie jaillis de la douleur, ils n'existeraient plus ? Il faudrait les oublier c'est-à-dire les nier ? Cela ne se peut pas.

J'ai vu, il y a peu, mon père et son « jeune frère », tous deux d'âge vénérable, rire des gamins qu'ils furent. Leurs yeux, leur connivence faisaient vivre pour moi des temps jamais connus dans des lieux oubliés qui soudain revivaient. Ils disaient les jours si difficiles de bien avant la guerre, la vie dure de leur mère, le travail des enfants, le logement étroit dans l'ombre de la mairie au beau porche mauresque, et la vie du village, la tendresse maternelle qui les régalait de pain frotté à l'ail et de plats parfumés. Dans leurs mots, j'entendais couler toute l'eau fraîche du monde, celle du bassin aux lions, celle de la gargoulette qui glisse dans la gorge ou encore celle des vagues sur les rochers du port. Et je voyais les jeux de leur enfance, leurs bagarres de garçons, les flirts d'adolescents, les bals sous les platanes dans les chaudes nuits d'été. Des nuits pareilles à celle dans laquelle je me laissais couler, dans cet amphithéâtre entouré par la ville, entouré par la vie.
Ils existent, nos pays ! Où qu'ils soient. Au-delà du temps et de l'espace. Ils existent avec nous, ils existent par nous. Tant que nous sommes là, à les voir, à les vivre. Tant que nous sommes là, histoires dans l'Histoire, riches de nos enfances, de nos vécus, de nos mémoires.

Nos yeux comme nos mots peuvent donner à vivre ces pays d'autrefois. Le goût des cannes à sucre croquées dans un jardin, l'eau fraîche d'un bassin, le flanc rude d'un lion de pierre sur lequel se jucher.
Où que nous soyons nés, de qui que nous venions, nous avons ce pouvoir de ranimer encore ces mondes passés.
Toi qui es né ici, de ce côté des flots, tu as comme moi un monde à jamais disparu et que tu portes en toi et qui vis avec toi. La seule différence est que tu le retrouves dans chaque carrefour, chaque mur, chaque changement de lumière des saisons. Ma mémoire est ma seule pierre d'angle… avec les clichés gris effacés par le temps que je retrouve parfois. Mes mots ont le pouvoir de remettre des couleurs, des lumières, des odeurs, des rires ou des larmes aux images qui dorment au fond de moi.
Qui garde en son esprit que le mot « testament », souvent marqué de mort, est tout vibrant de vie ? Telle une amande fraîche cachée sous ses multiples cuirasses, il protège en son cœur son sens le plus beau. Car il est « don » et « témoignage » ; parole partagée entre celui qui a vécu et celui qui écoute.
Aujourd'hui je peux dire, à tous et à mes filles, elles qui me continuent, ce monde dans lequel je suis née. Les plaisirs, les souffrances, celles des années de guerre comme celles du départ et celles de l'arrivée. Et je peux dire aussi la force de la vie qui reconstruit les mondes, le présent, les espoirs, les chagrins et les bonheurs mêlés.

C'est en nous qu'ils existent, nos pays d'autrefois, nos jardins, nos tempêtes et nos brises. Le souffle s'est fait verbe… le verbe se fait souffle pour porter vers les autres et les nôtres les graines de nos histoires emportées par l'Histoire.

Michelle

*L'île (dessin de Marie-Françoise).*

# Conclusion

*Vous avez osé quitter le berceau ou le marigot de votre enfance. Franchir le seuil de votre maison, de votre village, de votre quartier, de votre province, de votre pays, de votre île, de votre continent. Échapper à l'enceinte rassurante ou étouffante de votre famille, de votre caste, de votre tribu... Mettre en sommeil avec vos racines les accents de la langue et des mots que chantait la bouche de votre mère...*
*Votre enfance est révolue mais en même temps elle est intacte; comme une source dormante; tapie; secrète. Elle peut jaillir à tout moment du timbre clair et morcelé d'une boîte à musique; des plaintes surannées d'un orgue de barbarie prisonnier d'une cour; du bruit du vent lorsqu'il siffle sous les portes ou dans les cheminées. Elle peut apparaître, tout imprégnée de senteurs et de souvenirs, avec toute la puissance et toute la discrétion d'une goutte de parfum déposée sur la peau d'un cou.*

*Vous serez toujours le métis, le sang-mêlé, l'hybride de quelqu'un. Auront-ils compris, ceux qui vous méprisent, ceux qui s'enferment dans la grande guerre civile des races, des nations ou des religions, que vous résumez un monde qui ne peut puiser sa fertilité que dans l'agrégation de nos différences...*

*Béatrice et Balthazar dans les environs de Sienne (Photo E. Boubat).*

# Crédits photographiques

4 : © Coll. Particulière, © Cornell Capa Photo by Robert Capa © 2001/Magnum Photos (détail) ; 5 : © Darryl Evans/AgenceVu, © Bruno Barbey/Magnum Photos ; 9 : © E. Boubat/Rapho ; 10 : © Coll. Particulière ; 12 : © Jean-Gabriel Séruzier/Musée d'Histoire contemporaine – Bibliothèque de documentation internationale contemporaine ; 13 : © Jean-Gabriel Séruzier/Musée d'Histoire contemporaine – Bibliothèque de documentation internationale contemporaine ; 14-15 : © Inge Morath/Magnum Photos ; 16 : © Coll. particulière ; 17 : © Coll. particulière, Coll. Christian Andreani ; 18 : © Coll. particulière ; 19 : © Coll. particulière, © Coll. Christian Andreani ; 20-21 : © Coll. particulière, © archives association French Lines, tous droits réservés ; 22 : © Coll. particulière ; 23 : © Coll. particulière, © Jean-Gabriel Séruzier/Rapho ; 24-27 : Coll. particulière ; 28 : Coll. particulière, © Kouider Métaïr/Paris-Méditerranée, 2004 ; 29 : © CAOM [2 Fi 557], © Affif Cherfaoui, catalogue Les Andalouses perdues, Musée national Zabana, Oran, janvier 1993 ; 30 : © Coll. particulière ; 31 : © Coll. particulière, © Jean Gaumy/Magnum Photos ; 32 : © Coll. particulière, © Tony/Art du monde ; 33 : © Thomas Kern/lookat/Rapho ; 34 : © Cornell Capa Photo by Robert Capa © 2001/Magnum Photos (détail) ; 36 : © Coll. particulière ; 37 : © Coll. Roger-Viollet ; 38-39 : © archives association French Lines, tous droits réservés ; 40 : © Rue des Archives ; 41 : © Getty images, © Coll. particulière ; 42 : © Coll. particulière ; 43 : © Coll. Roger-Viollet ; 44 : © Coll. particulière, © Coll. Andreï Korliakov ; 45 : © Coll. particulière, © Coll. Andreï Korliakov ; 46 : © Coll. particulière ; 47 : © Coll. particulière, © Coll. Roger-Viollet, © Coll. Bobrinskoy ; 48 : © Coll. particulière ; 49 : © Cornell Capa Photo by Robert Capa © 2001/Magnum Photos ; 50 : © Thérèse Bonney/Musée d'Histoire contemporaine – Bibliothèque de documentation internationale contemporaine ; 51 : © Henri Cartier-Bresson/Magnum Photos, © David Seymour/Magnum Photos, © Noël Le Boyer/Musée d'Histoire contemporaine – Bibliothèque de documentation internationale contemporaine ; 52-55 : © Agence Keystone ; 56-57 : © Coll. particulière ; 58 : © Coll. particulière, © D. Camus/ParisMatch/Scoop ; 59 : © F. Gragnon/ParisMatch/Scoop, © AFP ; 60 : © Coll. particulière, © J.-C. Sauer/ParisMatch/Scoop ; 61 : © F. Gragnon/ParisMatch/Scoop, © D. Camus/ParisMatch/Scoop ; 62-63 : © Coll. particulière ; 64 : © Coll. Roger-Viollet ; 65 : © André Gamet/Rapho ; 66-67 : © Ian Berry/Magnum Photos ; 69 : © J.-C. Sauer/ParisMatch/Scoop ; 70 : © Darryl Evans/Vu ; 72 : © Coll. Andreï Korliakov ; 73 : © André Gamet/Rapho ; 74-75 : © Coll. Roger-Viollet ; 76-77 : © Coll. Particulière ; 78 : © Coll. Particulière ; 79 : © ORT-France ; 80-81 : © ORT-France ; 82 : © Coll. particulière ; 83 : Coll. particulière, © Coll. Roger-Viollet, © L'Illustration, © Musée national de l'Education-INRP-Rouen ; 84-85 : © Centre hitorique minier de Lewarde ; 86 : © Centre hitorique minier de Lewarde ; 87 : © Coll. Particulière ; 88 : © Musée national de l'Education-INRP-Rouen ; 89 : R. Doisneau/Rapho ; 90-91 : © Musée national de l'Education-INRP-Rouen ; 92 : © Coll. particulière, © Musée de l'école de Chartres ; 93 : © Musée de l'école de Chartres ; 94-95 : © Keystone ; 96-97 : © Coll. particulière ; 98 : © Coll. particulière ; 99 : © René Burri/Magnum Photos ; 100-101 : © M. Jarnoux/ParisMatch/Scoop ; 102-103 : © AKG, Paris ; 104-105 : © Coll. particulière ; 107 : © E. Boubat/Rapho ; 108 : © Bruno Barbey/Magnum Photos ; 110-111 : © Jean Dieuzaide ; 112-113 : © E. Boubat/Rapho ; 114-115 : © Coll. Eric Karsenty ; 116-117 : © Coll. particulière ; 118-119 : © Guy Le Querrec/Magnum Photos ; 120-121 :© Conseil général de la Vienne;123 : © E. Boubat/Rapho ; 124 : © Coll. particulière ; 125 : © Coll. Roger-Viollet ; 126 : © Coll. particulière ; 127 : © E. Boubat/Rapho ; 129 : © E. Boubat/Rapho ; 130 : © Coll. particulière ; 132 : © E. Boubat/Rapho ; 135 : © Coll. particulière.

# Bibliographie sélective


*Histoire de la France rurale de 1789 à 1914*, Georges Duby et Armand Wallon, Points Seuil, 2003
*Histoire des populations françaises*, Philippe Ariès, Points Seuil, 1971
*Le Point sur deux siècles d'immigration en France*, Philippe Dewitte, La Documentation française, 2003
*France, terre d'immigration*, Émile Temime, Découvertes, Gallimard, 1999
*Histoire de la France sociale au XIX<sup>e</sup> siècle*, Christophe Charle, Points Seuil, 1991
*L'Intégration sans tabou*, Guide France Info, Jean-Michel Blier Marina Julienne, Éditions Jacob Duvernet 2002
*Discriminations raciales* : pour en finir, Guide France Info, Jean-Michel Blier - Solenn de Royer, Éditions Jacob Duvernet, 2001
*Histoire des Français venus d'ailleurs*, Vincent Viet, Perrin, 2004
*Sources de la France du XX<sup>e</sup> siècle*, Pierre Milza, Larousse, 1997
*Murmures d'Alexandrie*, Minou Azoulay, J'ai Lu, 2001
*La Fin des terroirs*, Eugène Weber, Fayard, 1983
*Normands de tous pays*, Marc Pottier, Éditions Cahiers du temps, 1999
*Histoire des étrangers et de l'immigration en France* - La mosaïque France, Yves Lequin, Larousse 1988
*Migrations et nationalité en France en 2001*, André Lebon, La Documentation française 2002
*Le Temps de l'homme fini*, Marc Chevrier, Éditions Boréal, janvier 2005
*L'Enracinement*, Simone Weil, Œuvres Complètes, Quarto Gallimard 2000
*Le voyage a été long*, Collectif, Éditions FLBLB, 2004
*Topographie idéale pour une agression caractérisée*, Rachid Boudjedra, Denoël, 1995
*Mémoire du goût*, Marie Rouanet, Albin Michel, 2004
*Elles et eux et l'Algérie*, Michèle Reynaud, Éditions Tirésias, 2004

Radio France La Web radio du livre : http://www.radiofrance.fr/divers/thematiques/radiodulivre/
Le site du Mémorial de Caen : http://www.memorial-caen.fr/
Cité nationale de l'histoire de l'immigration : http://www.histoire-immigration.fr/
La Mémoire ukrainienne : http://www.ukraine-europe.info/kobzar/
La Mémoire de la Moselle et de l'Est : http://www.stiring.net/souvenirs/

# Remerciements

L'opération « Cher pays de mon enfance, paroles de déracinés » n'aurait pas été menée à bien sans le concours d'Hubert Thébault, directeur de l'atelier France BLEU La Méridienne, de Jean-Paul Cluzel, président de Radio France, de Michel Polacco, directeur de France Info, de Michel Meyer, directeur de France Bleu, de Pascal Delannoy, directeur de Radio France Multimédia, et de ses adjoints Thierry Bourgeon et Éric Duval. Comme les autres démarches de cette série, sa déclinaison sous forme de livres, de série radio, de CD et de documentaires pour la télévision doit toujours autant à Laurent Beccaria, Jérôme Pecnard, Laurence Corona, Emmanuelle Vial, Marie-Pierre Sangoire, Flossie Félix, Marie Donzel, Joëlle Kwiatkowski, Minou Azoulay et Carole Leray. Une mention spéciale devant être attribuée à Jean-Baptiste Bourrat pour son rôle d'éditeur et d'ange gardien et à Béatrice de Pommereau, qui a su devenir une fée indispensable à la réussite du projet. Que soient ici remerciés pour leur implication dans le lancement des appels le Mémorial de Caen, son directeur, Jacques Belin, ainsi que Marc Pottier, Emmanuel Thiébot, Isabelle Bournier, Christine Dejou et Sophie Condamine, mais aussi Le Monde et le Monde 2, Jean-Marie Colombani, Vanessa Ralli, Jacques Buob, Michel Lefebvre, Martine Valo, le Pèlerin Magazine et son directeur, Jean-François Fournel, la SNCF, son PDG, Louis Gallois, Bernard Emsellem, Alain Minella, France 5, RFI et le festival de la Correspondance de Grignan.
Que soient ici tout particulièrement remerciés pour leur talent, pour leurs idées, pour leurs conseils les écrivains Marie Rouanet, Jean Viard, Jacqueline Costa-Lascoux, Clément Keller, Jean-Bernard Dupont, Geneviève Hunault, le photographe Carl Cordonnier de l'agence Dailylife, sans oublier Thérèse Blondet-Bisch de la photothèque de la BDIC, Marco Barbon de l'agence Magnum, Albert Raymond de l'agence Keystone, Isabelle de Bélair de l'agence Rapho, Bernadette Monnot pour sa gentillesse et ses trésors d'enfance, Jérôme Carassou des Éditions Paris Méditerranée pour ses photographies d'Oran, Anne Purka de l'association Art du monde pour le tableau de Tony, Aymeric Perroy et Armelle Olivier de l'association French Lines, Fernande Ricordo et Sylviane Giraldon de Paris Match, Andreï Korliakov pour ses retouches photographiques et sa collection personnelle, Emmanuelle Polack de l'ORT France pour son accueil, sa gentillesse et ses très belles photographies, Sabine Dequin du Centre historique minier de Lewarde, Muriel Cardin du musée national de l'Éducation de Rouen, Marie-Hélène Degroise du CAOM, Laurence Lepretre de l'AFP, Christian Andreani pour ses photographies de la Corse et Monique Comminges de l'agence Roger Viollet.
L'opération « Cher pays de mon enfance, paroles de déracinés » est avant tout le fruit de l'aide et de la compréhension qui furent celles de l'ensemble des auditeurs de Radio France qui nous ont envoyé des lettres et des témoignages. Ils sont avec moi les vrais auteurs de ce livre. Grâce à eux, ces paroles ne s'effaceront pas.

Jean-Pierre Guéno

*Deux ouvriers agricoles ukrainiens devant une presse à foin, en France en 1924.*

Cet ouvrage a été imprimé
en août 2005 en Chine
sur les presses de l'imprimerie SNP Exel.
La photogravure a été réalisée par
Les artisans du regard à Paris.

Dépôt légal : octobre 2005